JN220971

一流の人は、本のどこに線を引いているのか

エリエス・ブック・コンサルティング代表
土井英司

サンマーク出版

子どものころ昆虫図鑑が大好きだった。
ワクワクしながら、ひとつひとつ、写真を見て、解説文を読む。
すると、いてもたってもいられなくなって、野や山にそれを探しにいった。
いまも当時と何も変わらない。本を読み、家を飛び出す。その繰り返し。
きっと私と同じような人が、たくさんいるはずだ。
野や山に虫を探しにいく大人になった少年・少女たちに、本書を捧げる。

How to highlight a book like an elite person

By

Eiji Doi

序文

人生は「1本の線」から動きだす

たった1本。それで十分

1冊の本に自ら引いた「1本の線」が、ときに革新的なアイデアをもたらしたり、人生を変えてしまうほどのインパクトを持ったりすることがある。

これまでの私にとって代表的な1本の線は、情報化についてたくさんの予言をした民俗学者、梅棹忠夫氏の名著『情報の文明学』（中央公論新社）に引かれている。

「情報の時代には、情報の批評家ないしは解説者が不可欠である」

出版マーケティングコンサルタント、そしてビジネス書の書評家としての私のビジネスは、究極的にはこの1行に凝縮されている。

この他にもたくさんの線が思い浮かぶ。マクドナルドの創業者、レイ・クロックの自伝『成功はゴミ箱の中に』（ロバート・アンダーソンとの共著、野地秩嘉・監修、野崎稚恵・訳、プレジデント社）に引いた線は、不動産投資の重要性を教えてくれた。神田昌典氏の

『仕事のヒント』（フォレスト出版）に引いた線がヒントになって、私のビジネスはこれまでにおそらく数千万円単位で恩恵を受けている。

本書の執筆中に読んだ、高級スーパーマーケット「成城石井」の創業者、石井良明氏の『成城石井の創業』（日本経済新聞出版社）には、東京・恵比寿の駅ビル「アトレ恵比寿」に出店した際、飲食店の多い地域性からプロユースを強く意識し、食材や調味料を充実させた、と記されていた。「プロユース」という言葉が新しい視点を与えてくれる。

自分のビジネスにおける「プロユース」とは？

新事業？

新ラインアップ？

それとも……。

頭がぐるぐる回転し始める。私にとって1億円くらいの価値がありそうな情報だし、読む人によっては数十億、数百億の価値にだってなり得る。

本に引いた1本の線が、まだ見ぬビジネスの鍵を握っている。私は毎日毎日赤ペンを握って本に線を引き、自分の力にすると同時に、自身のメールマガジン「ビジネスブックマラソン」（以降「ＢＢＭ」）の読者に向けて発信し続けている。

本には、1冊あたり少ないものでも数千行の文章が記されている。だとしても――。1冊の本にたった1本の線が引ければ、本の価格を十分回収して余りある成果になる。

これまで2万冊あまりのビジネス書を読んできた経験からは、1冊に100本の線を引くことよりも、100冊に1本ずつの線を見出すほうが現実的だし、実りが多い。

この本は、あなたが自分自身の1本の線を引けるようになるために、新旧の山のようなビジネス書のなかから、どの本を見出し、何を吸収し、どのようなアクションにつなげていくかをまとめたものだ。

すべては昆虫図鑑から始まった

私は秋田の男鹿という田舎町で育った。父は高卒で、その高校時代ですらあまり勉強をしてこなかった人だった。そのため、自宅には本が少なかった。

ある日、近所の保育園の経営がたちゆかなくなり、閉園することになった。

その話を聞きつけた父は、園がいらなくなった本をすべて引き取り、トラックに積んで持ち帰ってきた。父なりに、子どもを賢く育てたいという思いがあったのだろう。

自宅の小さな部屋に、突然、本の山が築かれた。なかには紙芝居も交ざっている。まさに「山のよう」な分量で、本とともに暮らすというよりは、〝本のなかで〟暮らすといった状態だった。

私はくる日もくる日も本を読み続けた。

なかでも好きだったのは、ある昆虫図鑑だった。

ほぼ丸暗記するような勢いで、何度も読み返した。

すると実物を観察したくなり、野や山を歩きまわって虫を採集し、標本を作った。

大人になったいまでも昨日のことのように思い出す、自分にとって色褪(いろあ)せることのない日々。本で得た知識をもとに、それを検証するために現場にいちいち出向いていくのは、このころからの習慣だ。

学年が上がってくると、さすがに保育園の蔵書では物足りなくなってきた。すると、ここでも運命が私を引き寄せる。自宅から道路を挟んで30秒足らずのところに、書店があったのだ。

そこから立ち読みにふける日々が始まった。

当時の店主は、毎日やってきては本を読みふけっているくせに、めったに買わない少年のことをよく覚えてくれていた。いまでは、カルチュア・コンビニエンス・クラブのフランチャイジーとして秋田県内でTSUTAYAを展開している高桑書店。その社長、高桑一男氏が当時の店主だ。立ち読みから始まったご縁で、私が新刊を上梓(じょうし)すれば、かならず支援してくださるありがたい存在だ。

小説は「消費」、ビジネス書は「投資」

子どものころの私は、ジャンルにこだわらず本を読んでいた。それがいま、なぜビジネス書を中心に読むようになったのか。それは、自分の好きな本を通じて日本全体の生産性向上に貢献したいからだ。

秋田の立ち読み少年だった私は、そのころ外交官や、国連など国際機関の職員になることを夢見ていた。途上国の飢えた子どもたちを救いたかったのだ。そのための勉強がしたくて、慶應義塾大学湘南藤沢キャンパス（SFC）の総合政策学部に入学し、語学は英語とフランス語を学んでいた。

しかし、東京に住み始めてあることに気づいた。

先進国の繁栄都市であるはずの東京に住んでいる人たちには、途上国の子どもたちとは別の意味での「飢え」が存在していた。心がまったく満たされていないのだ。

当時はバブル経済の崩壊と、その後長く続くことになる不況の時代に入っていて、これが誰の心にも影を落としていた。

一連のスピリチュアルな、マインドフルなアイテムの売れ行き、お笑いブームなどの現象は、そういう時代背景が影響しているのだと実感できた。

仮に途上国の人たちがお腹（なか）を満たしても、その先には結局心の飢餓が待っているだけなのではないか？　ならば、日本に生まれ育った自分には、先回りしてそちらを解決することこそが仕事なのではないか？

そこで、「エンターテインメント」こそが心の飢餓を癒やす手段になり得るのではないかと思い至った。

卒業間近になって、私はギリシャに留学し、古代ギリシャの悲喜劇を学び、卒業後は日本のエンタメ産業の代表格である「セガ・エンタープライゼス」に入社した。

しかし、ギリシャは結局頽廃（たいはい）したわけだし、運営に携わったセガのゲームセンターは、多くの人の心を救っているようには見えなかった。

当時の私は、「原因」と「結果」を取り違えていた。

いい仕事ができない。

人生が辛(つら)い。

楽しくない。

その結果として、人は飲酒やギャンブルと同じような目的でエンターテインメントに一時の救いを求めているのであって、エンターテインメントそのものは、結局「結果」でしかないことを悟った。

エンターテインメントを求めているという結果の「原因」は、「よい仕事ができず、よいビジネスをつかめず、よい人生が送れていないこと」であり、言うならば自分が自分の人生そのものを「エンターテイン」できていないことが原因だったのだ。

ならば、人々の飢えた心を救うのは、エンターテインメントを充実させることではなく、現実そのものをよくしていくことだ。人は、1日のほとんどの時間を「働く」ことに費やしている。この働く時間が充実し、喜びを味わえるようになれば、人生はカラフルになる。

そこで私は、良きビジネス書を多くの人に紹介したり、自らビジネス書作家を育てたりすることによって、日本全体の生産性向上に貢献したいと考えるようになっていった。

エンターテインメントである小説とビジネス書、という二者択一にすれば、意欲がなくても読めるのは小説である。

小説は受け身でも読み進めることができる。おもしろいからだ。それは、おもしろさを「消費」している状態である。エンターテインメントは消費なのだ。

一方でビジネス書はエンターテインメント的に楽しむものではない。その読書には「目的」が大切だ。どんな本を読み、どんな内容を感じとって、どこに線を引くのか。それは結局、目的意識にたどり着く。何かをやりたいという意欲があるからこそ学べるのであって、ただなんとなく読んでも何も得られないだろう。それは「消費」ではなく「投資」だ。金のアクセサリーを買って満足するのではなく、金塊や金鉱そのものを探す行為なのだ。ビジネス書の魅力はそこにある。

2年間で1000本の書評を書いた

私はセガをたった1年で退社し、出版の世界に入ることにした。編集プロダクションでの編集者兼ライター、出版社での編集者などを経て、2000年、アマゾンジャパンにバイヤーとして入社し、「Amazon.co.jp」の立ち上げにかかわった。

アマゾンでの仕事はとにかく充実していた。出版社から毎日送られてくる本のなかから、自分の眼で売れそうなものを見出し、仕掛けていく。いま世の中で売れている本を一緒になって売るのではなく、アマゾン発の情報として、ヒット商品を作っていく。やがて「カリスマバイヤー」などと呼んでいただけるようになった。

主な仕事は、本の仕入れと、書評を書くことだった。そのために本を読み、出版社を訪ね、情報を得る。当時は1週間に7冊紹介することになっていて、読書数自体はその3倍くらいになっていた。アマゾンに在籍していた4年のうち、エディターとして働いた2年間で約1000本の書評を書いた。本当に楽しい仕事だった。

ただ、しだいにアマゾンはオペレーションを自動化する方針に変わっていった。なるべくコストをかけずに効率を追求し、オリジナルの書評をつけることに価値を置かなくなった。内容紹介だけであれば、出版社や取次などから無料で情報をもらえる。それだけを載せておけばいい、という判断だった。

まだ誰も知らない本を自分の眼で選んで紹介し、読者の仕事に役立ててもらう。せっかくできたこの流れを、どうしても断ち切りたくはなかった。こうして私は、独立起業することになる。

人間にできて、アマゾンにできないこと

アマゾンから学んだことは大きい。その最大のエッセンスは、「コンピュータには、結果は分析できても、その結果を招いた原因を作り出すことはできない」ということ。人をベースにして言い換えれば、

「原因を作り出す作業こそが、人間の価値である」

ということだ。

私が退職する2004年当時でも、アマゾンではたいがいのことがコンピュータでできるシステムが構築されていた。なにせ、アマゾンの需要予測システムは、およそ97％の確率で的中した。バイヤーが、人間として入り込む余地は、たった3％しか残されていなか

ったのだ。

だが、金脈はその3%のなかに隠れていた。

ある日、私は古典の類いに属する名著『私はどうして販売外交に成功したか』(フランク・ベトガー・著、土屋健・訳、ダイヤモンド社)を仕掛けた。するとそれまで1日1冊売れるかどうかだったこの本に、急に10倍以上の注文が入るようになった。

するとコンピュータは、興味深い挙動を示した。「10倍売れるようになった」という直近の事象と、「過去において同じくらい売れている本はその後どのくらい売れたか」というデータを掛け合わせて、シンプルに、いままでの10倍の需要予測をしたのだった。

そのとき悟った。コンピュータは結局、私自身が仕掛けた「原因」ではなく、10倍売れたという「結果」にしか反応できない。

人間には原因が作れる。

しかし、コンピュータには原因を作ることはできない。

原因が何かを探ることもできない。

だから、コンピュータなど敵ではない。

未来を作れるのは人間だけなのだ。

無論、人工知能（ＡＩ）の発達によって、今後コンピュータにできることはもっと増えていくのだろう。だからこそ私は、著者を目利きし、本を目利きし、線を引くことこそが、コンピュータに決して代替されない自分の能力だと考えている。これが、アマゾンで気づいたいちばん大きなことかもしれない。

「評価とは理解である」

アマゾンを退社して「エリエス・ブック・コンサルティング」を設立した私は、２００４年の7月20日、今日まで続いているメールマガジン「ＢＢＭ」の第1号を発刊した。その直前に、テストとお礼、ごあいさつを兼ねてお世話になった方向けにゼロ号（創刊準備号）を発行し、シュリーマンの『古代への情熱』を紹介したことを鮮明に記憶している。本誌としての第1号は、『プロフェッショナルマネジャー』（ハロルド・ジェニーン、アルヴィン・モスコー・著、田中融二・訳、プレジデント社）を紹介した。

「ＢＢＭ」では、主に忙しい経営者、ビジネスパーソンに向けて、話題のビジネス書を私なりにどう読んだのか、どこに赤ペンで線を引いたのかを、毎日発信している。当初読者の数は５０００人弱だったと記憶しているが、いまではその10倍を超えている。

ある日、元電通のカリスマクリエイター、山本高史さん（株式会社コトバ　クリエイティブディレクター／コピーライター、関西大学社会学部教授）の著書『案本』の書評を書いたときのこと。

山本さんは「変われるって、ドキドキ」（トヨタ自動車）、「私はＳｕｉｃａと暮らしています」（東日本旅客鉄道）などの作品で知られているコピーライターだ。

私の書評を読んでくれた山本さんはわざわざ連絡をくださり、身に余るお礼の言葉をくれたばかりか、食事をご馳走（ちそう）してくださった。

その際、山本さんはこんな言葉を口にされた。

「評価というのは、〝理解〟だと思うんです」

このひと言が忘れられない。評価は、一般に「いい／悪い」、「好き／嫌い」でなされる。

しかし山本さんは、評価とは理解であり、私の書評には理解があったからうれしかった、と言ってくださったのだ。

理解を得たもの、そして理解しようとしたものだけが、これからの時代を生き残れると思っている自分にとって、ありがたい言葉だった。

「ＢＢＭ」を発行するために、年間１０００冊以上、のべ２万冊以上読んできた。ようやく本を語る資格を持てたのではないかと思う。


そして、もうひとつの大切なビジネスは、著者養成講座『10年愛される「ベストセラー作家」養成コース』の運営と、著者の発掘、プロデュースだ。

日本だけでなくアメリカでもミリオンセラーを達成し、世界40以上の国で翻訳決定、累計６００万部を突破した『人生がときめく片づけの魔法』シリーズ（サンマーク出版）の近藤麻理恵さん、『稼ぐ人はなぜ、長財布を使うのか？』（同）の亀田潤一郎さん、『年収１億円』シリーズ（経済界）の江上治さん、『頭がいい人はなぜ、方眼ノートを使うのか？』（かんき出版）の高橋政史さんなど、私自身を大きく超える実績を生む著者を送り出している。

「著者のフィルター」があなたの視界を一変させる

ビジネス書は、本当に安い。

名経営者、名コーチ、学者、専門家、すさまじい経験を積んできた人。あらゆる先達の思いとノウハウを、プロの編集者が「美味しいところ」だけをきれいにダイジェストにしてくれて、たったの千数百円で読めてしまう。

どんなにおもしろい小説でも、どんなに感動できる映画でも、3万円、あるいは5万円払ってまで見ようという人は多くないだろう。

だが、もし千数百円のビジネス書に、確実に数億円のヒントが書いてあったら? 私なら、3万円出しても、5万円出しても惜しくない。このあたりは、じつは多くの出版社が認識しておらず、価格は「価値」ではなく、本の「厚さ」で決まってしまっている。

読者としては、これを利用しない手はない。とりわけ、経営や起業に興味がある人ならなおさらである。

読書の大きな効用は、偉大な著者たちのものの見方、考え方、つまりフィルターをのぞけることにある。その作業は他者との「ちがい」を作るためにとても役立つし、自分自身の成長にもつながる。

よいビジネス書には、「著者のフィルター」がかならず収められている。あなたの見方を変え、インプットの内容を変え、世界を変化させてしまうフィルターが手に入る。

一方、数百円で買い求められる雑誌には、フィルターはない。そこにはあくまで編集部の「編集方針」があるだけだ。

これこそが雑誌よりも単行本のほうが高い理由であり、また単行本の持つ非常に大きな価値である。

読書には、2種類ある。

すでに「知っていること」に深みをつけるか、「知らないこと」を身につけるか。

どちらの場合であっても、知的なワクワクがある。

さて、この本はあなたにとってどちらだろう。

私の本の選び方、読み方、線の引き方が、あなたの力になり、鉱脈となる「1本の線」を引ける手助けになれば幸いだ。人生がダイナミックに動きだす一助になることを願う。

一流の人は、本のどこに線を引いているのか——目次

序文 人生は「1本の線」から動きだす

第1章 こんな読書をしてはいけない

第4章 「結果」を見るな。「原因」を見よ

第5章 「同じ」をつくるな。「ちがい」をつくれ

第1章

こんな読書をしてはいけない

「おもしろいかどうか」はどうでもいい

自分にとって価値ある1行に出会うためには、いい本にめぐりあわないといけない。そこでまずは、その確率を上げるためのポイントを解説していくことにする。

読む価値のある本と、読む価値のない本をどうやって見分けるか——。

このとき、ひとつの前提を踏まえておく必要があるように思う。それは、

本の内容がおもしろいかどうかなど、あなたのビジネスには何の関係もない

ということだ。本はあくまで、それ自体を楽しむものではなく、人生を楽しむための「ツール」である。特に本書の「読書」は、目的を持って、のちのちのアクションにつなげるためのものだ。自分が楽しむために本を読むのではなく、自分がおもしろいと思う世界を広げたくて、本を読む。

だから、内容がおもしろいかどうかなど、どうでもいいのだ。問題はそこではない。

世界を広げるための、本当にベストな方法は、すごい人の話を直接聞くことだ。

建築家の安藤忠雄氏は、プロボクサーを夢見ていた中学生のころ、2階の増築のために仕事をしていた若い大工の姿を見て、建築のおもしろさを感じたという。このエピソードを安藤氏から直接聞ければ最高だが、多くの人は、それがかなわない。だからこそ、氏の著書『安藤忠雄　仕事をつくる』（日本経済新聞出版社）などを通して、いわば疑似体験できる。

安藤氏のエピソードを例とすれば、よい読み手は次のポイントも見逃さない。「きっとそのときの大工たちは、ハッピーに仕事をしていたのではないか」と想像できることだ。

適材適所、向いている仕事をしかるべき場所でしている人たちは、よい仕事ができ、社会を豊かにする。それだけにとどまらず、その姿が、見ている人の心を打つのだ。自分もそのような仕事をしたいと思う。

もしもあなたが、本の感想を聞かれて、「おもしろかった」「つまらなかった」などと答えているとしたら注意が必要だ。そこから何を感じたか、自分の世界をどのように広げられそうか、を答えたい。それが答えられないのだとしたら、あなたの目的意識が薄いか、その本に価値がないか、いずれかだろう。

「書評」なんていらない

本を読むと、かならず「書評」を書きたがる人がいる。それ自体が悪いわけではない。私自身もそれを生業にしている。

問題はその書評の内容だ。読書は、「書評」を書くためにするものではない。自分が主であり、本は従だ。その本から必要な部分を取りだし、自分のなかに練り込んでいく作業こそが、読み手がやるべきことだろう。

私の書評は、その本から自分自身が何を取り込んだかを説明している。本の内容よりも、自分自身の変化を述べることにしている。現在の自分に不足している部分が見えているからこそ、それを補うために読書をするのだ。

一方、自分のためではなく、「書評」を書くために読書をし始めると、おかしなことになる。そうして書かれた「書評」には、自分がなく、本そのものの内容が説明されているだけのいわゆるサマリーになってしまっているのだ。

サマリーを書くのが上手な人がいる。人に本を紹介するうえでは役立つ技能だろう。しかし、あなたは要約するために読んでいるのではないはずだ。その本を記したのは、あくまで著者である。読み手が著者と同じことを主張しても意味がないし、少なくとも書評を書いた本人にはあまり役立たない。

書評や読書感想文など書く必要はない。たった1行でいいから、自分の身になる文章に線を引き、それを体にしみ込ませること。それができれば、その本は価値ある1冊になる。

「全部読まないといけない」という病

本を読むという行為においては、「最初から最後まですべて読むべき」という思い込みがあるだろう。

しかし、本は全部読まなくていい。

P・F・ドラッカーの『マネジメント』（上田惇生・編訳、ダイヤモンド社）を手にとったことがある人は、その量を思い出してほしい。内容を凝縮した「エッセンシャル版」でも、文字がびっしり詰まって320ページ。同社刊の『ドラッカー名著集』における完全版となると、3巻合わせて1000ページを超える。

では、あなたはそのすべてを読むべきだろうか？　答えは完全に否である。

『マネジメント』のような本は、すべてを網羅している。だからこそ、すべてを一気に読む必要性はない。いま、あなたが気になる部分だけを辞書的にピンポイントで開き、いくつか線が引ければそれでいい。

近い将来、また別の箇所を読む必要が出てくるかもしれない。そのときに、もう一度本を開けばいいのだ。

そもそも、同じ著者からすべてを学ぶというモチベーションは非合理的だし、極めて持続しにくい。全体を通して読むような「全体練習」をするよりも、いま必要な箇所だけを読む「部分練習」をするべきなのだ。この点は、第3章で詳しく述べる。

ごく一部だけを読んで、その本の価格の数万倍の実績をあげた人がいる。

拙著『成功読書術』（ゴマブックス）を読んだ方からお礼の言葉をいただいたことがある。

この本のなかで私は、伝説的な相場師、是川銀蔵のエピソードから読み取れるアイデアを紹介している。景気循環と鉄鋼生産のタイムラグが、鉄鋼株の動きにどう現れるかという法則に触れたところ、ある方から連絡をいただいた。それをヒントに大儲（おおもう）けできたという。こんなにうれしいことはない。

では、その方は、『成功読書術』を1冊通して読んで、ほかに得るものがなかったとして、果たして批判をしてくるだろうか。「ひとつしか役立つものがないじゃないか！」と。

そんなことはありえない。

最初から最後までがストーリーとしてつながっている小説は、途中に1箇所でも不首尾があれば興ざめする。

しかし、たった1箇所役立てば、あとはすべて無駄でも構わないのが、ビジネス書である。1勝できれば、残りは全敗でもトータルで勝てる。「1勝99敗」でいいのだ。ビジネス書の読書は、ダイヤモンドを掘り出す作業に似ている。ひとかけらのダイヤモンドがあれば、残りは必要ない。

本は、いまの自分の身になりそうな大切な部分だけを読めばいい。1冊すべてを読破する必要などまったくないのだ。

好きな著者の本ばかり読むな

ビジネス書の読書には、いくつかの罠（わな）がある。そのひとつは、好きな著者、自分と価値観の合う著者の本ばかりを読んでしまうことだ。小説であれば好きな作家の本ばかりを読んでも何ら問題はないが、ビジネス書の読書は「消費」ではなく「投資」だ。自分を気持ちよくさせてくれる著者の本だけを読んでいたのでは、強くなれない。

自分と価値観の合わないような著者の成功法則、苦手な分野のノウハウなどは、たしかに嫌悪感や苦手意識を抱くことがある。

私自身も、たとえば消費財の経営者の本を読んで線を引き、影響や刺激を受けても、やはり「自分には消費財のビジネスは合わない」と思うばかりだ。顧客の心理も、売れていく仕組みづくりも、理解はできても実行は難しい。

しかし、読書だからこそ、自分と価値観の合わない人が考えた内容に、簡単に接触できる価値と醍醐味がある。

自分には決してできないこと、自分に向いていないことがわかれば、自分は何を補ってもらえばいいのか、何を他人に頼ればいいのかもまた明確になる。経営者ならば、自分のできないことを引き受けてもらうために人を雇うのだから、採用の方針も、面接で尋ねることもはっきりする。

好きな本だけを読むことは、好きなものを食べ続けることにも似ている。結局偏食でバランスを欠き、健康を害してしまう。

好きな情報は、いつの間にか自分のなかに入ってくるものだ。嫌いなもの、自分と価値観の合わない本を、むしろ意識して読んでいくといい。世界が重層的に、横断的に見えてくるはずだ。

信念を確認するための「自己陶酔線」は無意味

本のどこに線を引き、自分の糧にしていくのか。本書ではそれをじっくりひも解いていくが、ここではまず「引くべきではない」箇所について言及してみたい。それは「そうだ、その通り！　自分の考えは間違っていなかった!!」と感じる箇所だ。

なぜ引くべきではないか疑問に思われるかもしれない。自分の考えや信念を後押ししてくれるような1文を読むと、テンションが上がって勢いよく線を引きたくなる気持ちもよくわかる。しかし、これは単なる「自己陶酔」にすぎない。特に名言集が好きな人には、この傾向がある。

自分が「正しい」ことを確認したところで、パワーアップの糧にはならない。むしろ、新しい考えやノウハウを取り入れることのできない、かたよった人間になってしまう。これはビジネスやキャリアにとって、マイナスになる。

逆に、読んだときには多少の嫌悪感があっても、どういうわけだか〝気になる〟1行に出会うことがある。こんな1行には、思い切って線を引いてみたい。そのときは役立たなくても、いつの日か読み返したときに決定的な1行になっているかもしれない。

線は、新しい発見や役に立った箇所、そして自分の考えと「ちがう」箇所に引くことで、成長の糧になるのだ。

著者の「ウソ」と「いい話」に線引くお人好し

本には、著者が発信している「ウソ」や「はったり」が混ざっていることを、読者はよく知っておいたほうがいい。何も著者に対して、嘘つきとなじっているのではない。それらのウソやはったりは、著者自身も無意識に発信してしまっているのだ。ウソを書こうと思って書いているのではない。

誤解をおそれずに書けば、「自己申告」の類いは、すべてウソである可能性がある。数字などの客観的なデータ、動かぬ証拠、ディテールに満ちた具体的で迫真性に富んでいるエピソード、第三者による証言など、裁判の証拠ではないが信憑性を検証できる内容でない限り、自己申告に過ぎない内容として割り引いて受け取るか、すべて無視する必要があると思う。

その著者は、何らかの成功を収めたからその本を書いているはずだ。それ自体を疑う必要はない(ときにはその成功話すら疑わしい本もあるが)。しかし、読み手は「なぜ成功したのか」を知りたくて読んでいる。著者が自らの成功要因を客観的に説明できていない本やうまく煙に巻いている本は、たとえ成功者であったとしても線を引く必要はない。

出版社や編集者は、本を売るために、たとえ自己申告だらけの本であっても、あたかも読むべきところがあるように見えるタイトルや見出しをつける。そのうえ、学びたくなるように感覚を刺激する視覚デザインを駆使して装丁をつくり込んでいく。

こうした罠にだまされてはいけない。

また、本を読んで「いい話だった」「感動した」と思うような内容についても、あまり重要視しないほうがいいだろう。断っておくが、私自身も信頼に足る「いい話」を読めば感服するし、感動もする。ときにはその箇所に線も引くし、著者はきっと素晴らしい人なのだろうと思う。

それ自体は構わない。いい話は「心の栄養」である。

ただし、その「いい話」は、ビジネスとは関係がないことを知っておくべきだ。

その著者が、どうやって自身のビジネスを成功に導いたのか。

どんなアクションを起こしたのか。

知りたいのはそこである。

「結果」ばかりに線引く残念な人

ある事象を、「原因」と「結果」に分けて考えてみると、線の引き方は劇的に改善できる。結果ではなく、原因に線を引くのだ。

序文で述べた通り、私自身も、学生時代や社会人になりたてのころは、原因と結果を取り違えていた。そんな私に大きなインパクトを与えた本がある。世界で600万部以上売れたマネジメント教科書であるスティーブン・P・ロビンズの『マネジメントの正体』

（清川幸美・訳、SBクリエイティブ）だ。

そこで出会ったのは、研究の結果として得られた次の事実だ。

「生産性の高い従業員が充実感を抱くのであり、その逆ではない」

やる気があるから仕事ができるようになるのではなく、仕事ができるようになったからやる気が出る。つまり、モチベーションの有無は結果に過ぎず、その原因は仕事ができるかどうかなのだ。

採用面接でモチベーションを重視し、「やる気があります！」と語る人を採用したら、やる気がなくなった時点で無能になってしまう。やる気は、仕事ができるようにさえなれば自然と高まるのだから、モチベーションを重視した採用や教育をするのではなく、仕事ができるようにしてあげることこそが肝要だと説いているのだ。

私は、『マネジメントの正体』が説くこの内容もさることながら、原因と結果を見極めなければ、すべての戦略が間違ってしまうことに気づかされた。

原因と結果については、第4章で詳しく述べることにする。

さわや書店フェザン店

よい本に出会うためには、よい本をセレクトしている書店を見つけることだろう。言い換えれば、自分が読むべき本をかわりに選んでくれているような書店を探すことだ。センスがいい人が通っている書店、センスのいい本を置いている書店は、いわゆるベストセラーだけでなく、その書店独自のセレクトをしている。

岩手県盛岡市の盛岡駅ビル・フェザンにある「さわや書店フェザン店」は、出版業界だけでなく、書店に興味がある人なら誰もが注目している店舗だ。

ＰＯＰやパネルが素晴らしいという評判なのだが、核心はその内容を作り出す書店員の「読む力」にある。ある本に人を引き付ける力があるなら、中身を掘り起こして徹底的に「買うべき理由」を訴えていく。

ビジネス書ならまだしも、文芸書でこのプロセスを貫き通すのはやさしいことではない。読者には、さわや書店フェザン店で買うことそのものに強い価値が生まれている。

あなたの頭のなかには、どの書店が浮かぶだろう？

もし、どこも浮かばないのなら、いまからでも決して遅くないから探してほしい。こうした書店を見つけられれば、本の選球眼がどんどん高まっていくだろう。

読むべき本を立ち読みで見抜く11の戦略

私は1日平均3冊の本を読む。概ね（おおむ）その3冊からよい線が引けた1冊を選び、自身の発行するメールマガジン「BBM」に書評を書いている。

逆算すれば、私がクオリティを維持しながら1冊の書評を書くためには、だいたい3冊の「線が引けそうな本」を選べばほぼ大丈夫、という経験則を持っている。

出版社の厚意によって私の会社には毎日10〜15冊ほどの本が届く。そのなかから自分が読むべき3冊を選ぶのだ。ときには3冊中2冊、あるいは3冊とも「あたり」なこともあるし、3冊ともよい線を引けないケースもある。くる日もくる日もそれを繰り返し、「読むべき本」と「読む必要のない本」の選別法を身につけてきた。

では、1冊の本をぱらっとめくったとき、どんなことが書いてありそうなら「読む」ことを選んでいるのか。主に11の戦略がある。

［11の読書戦略］

1 経営者本は「創業者」か「中興の祖」を選ぶ
2 「プロフィール」で本物か偽物かを見極める
3 著者は「一流の変態」を選ぶ
4 「コンサルタント」から学ぶのは王道の戦略
5 著者が「専門外」を書いていたら避ける
6 本の「タイトル」にだまされない
7 「固有名詞」の多い本を選ぶ
8 冒頭の数ページで「いい線」が引けそうな本は買い
9 膨大な「データ」に立脚した本を選ぶ
10 「翻訳書」は良書の率が高い
11 「箇条書き」に注目する

1 経営者本は「創業者」か「中興の祖」を選ぶ

まず、「著者」について述べていきたい。

ビジネス書の著者の代表的な職業と言えば「経営者」だろう。

このような経営者本で読むべきは、「創業者」と「中興の祖」の本だ。

ゼロからビジネスを創りだし、理念の種を生んだ創業者の名著は枚挙に暇がない。

創業者から企業を引き継ぎ、種を一気に開花させ、見事に再生させた中興の祖には、創業者とはまた違った視点がある。

中興の祖の本では、IBMを復活させたルイス・V・ガースナーの『巨象も踊る』(山岡洋一、高遠裕子・訳、日本経済新聞出版社)が有名だ。

また、P&GのCEOを務めたA・G・ラフリーの『ゲームの変革者』(ラム・チャランとの共著、斎藤聖美・訳、日本経済新聞出版社)は知る人ぞ知る名著である。

アリエール、ファブリーズ、SK-II、プリングルズといったヒットをどのように生み、マーケットを制してきたのか、イノベーションの秘密がまとめられた貴重な著作だ。こうした地味な名著も、中興の祖に注目して本を選別すれば、見落とすことが少なくなるはずである。

一方、創業者でもなければ、中興の祖でもない、いわゆるサラリーマン出身経営者の本は注意が必要だ。

すでに確立したブランドのサラリーマン社長は、その人自身がブランドを築いたわけではない。このような経営者の本から学べるのは、ブランドの本質ではなく、社内競争の勝ち抜き方や出世の方法かもしれない。

また、外資系企業の日本法人の社長の本なども多数出ているが、本国の築いたブランドの背中にのって仕事をしているケースが多いので、どこまでが本人の実力か疑問が残る。この場合、本国本社の要職を兼ねているかどうかで、理解の度合いを測れるだろう。本社の意思決定プロセスに参加しているということは、力量がある、と判断できる。

「経営者」にもいろいろある。経歴をきちっと確認したうえで、「何を学ぶべきか」判断するといいだろう。

2 「プロフィール」で本物か偽物かを見極める

次に、プロフィールから、著者が「本物」か「偽物」かを見極めるヒントを書いておく。

まず、経歴や資格に注目しよう。

ポイントは、実力によって評価されたものか、お金を払えば取得できるものか、誰でも参加できる類いのものなのかを見極めることだ。

仮に「ハーバード」という固有名詞が入っていたとしよう。ハーバード大学、あるいはビジネススクールやロースクールなどに入学し、学位を得ているとすれば、それは実力を評価された結果であり、立派な経歴と言える。

ところが、「ハーバード大学の○○プログラムに参加」などとある場合は要注意だ。お金を払えば誰でも参加できるようなプログラムであるケースが多い。ハーバードのホームページにはこうしたプログラムの内容と金額がすべて公開されているので、興味があればチェックしてみるといいだろう。

「××教授に師事」などとあって、卒業や得た学位に触れていない場合も要注意である。これらは単なる「お客さん」であって、ハーバードに行った、という結果を、対価を払って得ただけの可能性が高い。「客員教授」も比較的簡単に取れるタイトルであるため、まどわされないほうがいいだろう。

ビジネスにおける経歴も、これと似ている。

「△△社で□□の事業開発に参画」などといった曖昧な書き方は、得てして有名な社名や、著名なブランドのイメージを借用したいための常套句である。具体的な役職や実績の記述がない限り、素直に受け取らないほうがいい。

外資の日本法人に在籍していて成果をあげた人の場合は、もともと外資系企業が持っていたブランドイメージだけで結果を出したのか、日本法人ならではのアレンジやローカライゼーションといった、独自のイノベーションを生み出したのかによって読むべき本かどうかがわかれる。

社名やブランドイメージの借用では、「有名企業の講師を担当」などという惹句も気をつけたい。

もしその講師を担当したことでその企業が隆盛し、ヒットを生み出したのなら話は別だが、実際はすでにブランドイメージを確立し、ヒットを生んでいる企業に、たまたま大勢の講師のひとりとして招かれただけである可能性が高い。

プロフィールをしっかり読み込めば、その著者が、あなたが期待している内容を述べる資格と実力があるかどうかが見えてくる。ペットショップの店員に愛犬の病気について相談してはいけない。彼らは「販売」のプロであって、「病気」のプロではない。病気のことを聞くべき相手は、獣医なのだ。

3　著者は「一流の変態」を選ぶ

プロフィールが信頼できるか、という観点とはまったく異なる見方で、著者の信頼性を見出すこともできる。「好き」でその仕事に邁進（まいしん）しているかどうかだ。

成城石井の創業者、石井良明氏は、自分で選び自信を持って仕入れたものを顧客が喜んで買ってくれる「小売り」という仕事が好き。

ユニバーサル・スタジオ・ジャパン（USJ）の森岡毅氏も、データをもとに仮説を立て、検証して、誰も想像していなかった「成果を出す」のが好き。

彼らは、金銭や名声では測れない報酬をそこから得ている。

失礼を承知で言えば、彼らは苛烈であり、半ば「変態的」ですらある。「変態的」に仕事が好きだからこそ、その著書には迫力や厚みがある。

優れた著者の条件は「一流の変態かどうか」なのだ。本文からその様子を感じとれる著者の本を選ぶといいだろう。

4 「コンサルタント」から学ぶのは王道の戦略

有能なコンサルタントの著書には良書が多い。ただし、学ぶべき部分を間違えると、実戦ではつかいものにならないから注意が必要だ。コンサルタントの本は、「王道」をおさえるために読むべきだ。マネジメントの王道、戦略の王道、マーケティングの王道を、体系的に分析して説明してくれる。ここには一読の価値がある場合が多い。

ただし、コンサルタントという仕事はあくまでアドバイス業であって、実践経験はほとんどない人が多い。

経営のアドバイスはできても経営そのものをできるわけではない。

マーケティングのアドバイスはできても実際にモノを売ったことはない。

育成プログラムのアドバイスはできても人を育てたことはない。

彼らはクライアントが戦略プランをどう実行するか、現実にあわせてどう変化させるか、までは関知していないのだ。だから、その著書から現場での「やり方」を学ぼうとしてはいけない。コンサルタントから学ぶべきは、王道の戦略、戦術だ。それらを体系的に、俯瞰(ふかん)的に勉強したいときに読んでみるといいだろう。

5　著者が「専門外」を書いていたら避ける

メディアでコメンテーターや評論家として活躍している著者、年10冊などのハイペースで出版している著者には、一定のファンや顧客がついている。このような著者は、本が売れるからこそ「多作」になりがちだ。それ自体をいいか悪いか論じるつもりはない。

問題は、その著者が「何を語っているか」だ。

有名コメンテーター、評論家などは、一般に何らかの専門分野で知名度を上げてきたことによってその地位を得ているケースが多い。その分野の専門家として客観的に評価されて当然の実績を持っていたり、博士号といった資格や、経営者、大学教授などの肩書きを有していたりする。一応、学問的アプローチや、学問の作法をひと通り知っているであろうことは期待できる。

ただ問題は、それ以外の分野について、あたかも専門家のように述べている場合だ。

法律の専門家が英語について語る。

日本語の専門家が恋愛について語る。

元野球選手がほかのスポーツについて語る。

こういうことがよく起こる。

本当は専門家ではないのに、ネームバリューと信頼感があるから、出版社が次々に執筆依頼を出してしまう。こうした本は、仮に売れていたとしても、得るものが少ない。その人の専門分野に関する著作だけを対象にしなければならない。

『ビジョナリー・カンパニー』シリーズの著者、ジェームズ・C・コリンズにインタビューしたとき、彼はこう言っていた。

「大規模な調査を行ったうえで執筆しているため、5年に1冊しか書けない」

6 本の「タイトル」にだまされない

編集者諸氏には少々申し訳ない言い草になるかもしれないが、本のタイトルと中身はリンクしていないことが多い。この指摘に対して、強く反論できる編集者はそれほど多くないだろう。

本のタイトルは編集者、出版社主導で決まることが多い。編集者は本の作り手であると同時に、マーケターでもある。読者の注目を引くために、たとえその本の本質、著者のもっとも言いたいことから外れたとしても、著者を説得して売れ行きが期待しやすいタイトルをつけてくる。できる編集者、優秀な出版社ほど、この能力が高い。

だから、タイトルにだまされてはいけない。

おもしろそうなタイトルだからと購入して読んでみると、内容が残念だということはよくある。しかし、これは大した問題ではない。また次のいい本を探せばいいだけだ。

問題は、自分が関心のないタイトルだからと、手にとることすらしないことだ。これは非常にもったいない。読んでみるととても役立つことがあるのだ。

たとえば前にも述べた『成城石井の創業』。タイトルから受ける印象は「創業経営者の感動ヒストリー」だが、じつは、成城石井というブランドがどのように築かれ、顧客の絶大な支持を得ていったのかが見事に書かれている。

タイトルを鵜呑みにして著者の自分史、昔語りだと思い、ページを開かなかったとしたら、大きな機会損失になってしまっただろう。本をタイトルだけで判断してはいけない。

7 「固有名詞」の多い本を選ぶ

『「ポッキー」はなぜフランス人に愛されるのか?』(三田村蕗子・著、日本実業出版社)、『進化系ビジネスホテルが予約がとれないほど人気なワケ』(永宮和美・著、洋泉社)は、おすすめの書だ。詳しくは後述するが、まったくジャンルのちがうこの2冊には、ある共通点がある。

たくさんの「固有名詞」が出てくるのだ。

こういう本は「買い」である。

情報を調べる際、大きな助けになるのはつねに固有名詞だ。

商品名。

企業名。

人物名。

場所の名。

インターネットで検索する際も、地図を調べる際も、固有名詞がわかっているだけで格段に速く、しかも確度の高い情報が入手できる。

本に固有名詞が書かれていれば、いま成功しているそのブランドが、どの企業によって運営されているのか、どんな取引先を持っているのか、本から得た情報だけでなく、その先の学びにもダイレクトに結びついていく。

著者側も固有名詞を出している以上、ウソやはったりを書き込みにくくなる。固有名詞を出せば出すほど、読者がその気になれば調べられてしまうからだ。だからこそ固有名詞が多い本は、信頼に足る可能性が高いのだ。逆に、固有名詞が少なく、曖昧な情報で逃げているような本は購入を控えるべきだろう。

ビジネス書の著者というと、経営者やコンサルタント、または各分野の専門家などを思い浮かべると思うが、そこにもうひとつ、プラスしてほしい。

「ジャーナリスト」だ。

著者が専門紙の記者、あるいは特定の業界に精通したジャーナリストの場合、その著作にたくさんの固有名詞が使われている場合が多い。それだけ深く掘り下げて取材しているということだ。

こうした本は地味だし、書店でも目立たないところに置かれているケースが多いが、ときに、宝のようなものがある。そのうえ一般には知られていないのだから、読んでおけばあなたの優位性が高まるだろう。

8 冒頭の数ページで「いい線」が引けそうな本は買い

立ち読みで良書を探す際のシンプルな判断基準がある。冒頭に迫力ある1文があるかどうか、だ。いい本は、かなり早い段階で決定的な線が引ける内容が書いてあるものだ。

本書の執筆中、元P&G世界本社の北米パンテーンブランドマネージャーで、現在はユニバーサル・スタジオ・ジャパン（USJ）を運営する株式会社ユー・エス・ジェイのチーフ・マーケティング・オフィサー、森岡毅氏の『確率思考の戦略論』（今西聖貴との共著、KADOKAWA）を読んだが、300ページを超える大作にもかかわらず、やはり冒頭にいい線が引けた。

「市場構造を決定づけているDNAは、消費者のプレファレンス（消費者のブランドに対する相対的な好意度）である」

この一文を読み、興奮したままあっという間に読破してしまった。

高級スーパー、成城石井の創業者、石井良明氏の『成城石井の創業』（日本経済新聞出版社）の6ページには、

「ブランドとはお客様がどう評価するかであり、単なる表層的なイメージを飾れば良いのではありません」

と決定的な考え方が述べられている。立ち読みなら、この時点で「買い」と判断できる。

ユニ・チャーム社長で、同社の中興の祖と言える高原豪久氏の『ユニ・チャーム式　自分を成長させる技術』（ダイヤモンド社）に至っては、冒頭の2ページ目で、

「今日のビジネス環境では『大きいものが小さいものに勝つ』のではなく、『速いものが遅いものに勝つ』」

と切り込んでいる。消費財メーカーとしてのユニ・チャームがなぜ成長を続けているのか、その極めて重要なヒントがいきなり提示されている。まさに圧巻だ。

本質をよく理解し、読者に伝えようとしている著者は、冒頭から「いい線」を引かせてくれる。ビジネス書は、小説とちがって最後にとっておきの言葉を残しておく必要などどな

い。「いい本」は、いきなり「いい」のだ。

9　膨大な「データ」に立脚した本を選ぶ

膨大なデータに立脚してリサーチをした著作には、魅力と尊敬の念を覚える。顧客の「気持ち」を相手に仕事をしている営業的な発想とは対極の立ち位置だ。

優秀なマーケターは、顧客から遠いところにいて、リサーチを通じて理解しようとする。「データを分析し、仮説を見出す」という、科学的、学問的アプローチで臨むことになる。

近年では、前述した森岡毅氏の『確率思考の戦略論』はその好例だ。

ただ、日本のマーケターで、学問的にマーケティングリサーチをできている人は多くないことは付け加えておく。

10　「翻訳書」は良書の率が高い

翻訳書は良書に出会う確率が高い。その背景にはグローバリゼーションがある。

アメリカでスーパーマーケットをのぞくと、そこには「世界」がある。美味しそうな麺類はイタリアのパスタか日本のラーメン。ヨーグルトはギリシャ。水はフランス。グローバリゼーションとは、世界中から美味しいもの、美味しそうな料理を選りすぐった「いいとこどり」のことである。

アマゾンも、ZARAもユニクロも、P&Gもジョンソン・エンド・ジョンソンも、アジアでのユニ・チャームも、インドでのスズキも、こうしたグローバリゼーションのもとでの「いいとこどり」に加われたからこそ、成長を続けている。

もしユニクロやスズキ、あるいはユニ・チャームがいつまでも創業の地である日本のマーケットだけにこだわっていたら、いまどうなっているだろうか。世界が人口100億人に向かって成長し、しかもその大半はこれから劇的に生活の質が改善されるというのに、すでに人口が減り始め、ほぼあらゆるモノが行き渡った低成長の日本にいれば、グローバルマーケットであっという間に敗者になっていく。

翻訳書に良書の率が高いのは、世界市場で戦い成果を収めている企業の事例が多いからだ。話題の翻訳書は、チェックしておいて損はないだろう。

11 「箇条書き」に注目する

最後に、パラパラとしか本を見る時間がないときに使える、とっておきのノウハウを伝授しよう。戦略や戦術、ノウハウが「箇条書き」されている本を探すのだ。

本をめくって、箇条書きになっている箇所を見つけたら、まずそこだけ読んでみるといい。そしてそこに本質を凝縮した要素が並んでいたり、取り入れやすい戦術やノウハウが並んでいたりしたら、その本は価値が高い。

「箇条書きにできる」ということは、著者がきちっと整理、分類できているということだ。そして何より「具体的」であるはずだ。著者が必死に考え、ビジネスで実践してメソッド化したからこそ、箇条書きにブレークダウンできるのだ。

本の良し悪しを瞬間的に判断したいなら、箇条書き部分を読んでみるといいだろう。

第2章

「速く」読むな。「遅く」読め

速読なんていらない。知らないことは遅くて当たり前

毎日3冊の本を読んでいる、と話すとたいてい「1冊あたりどのくらいの時間をかけて読むのか？」と問われる。本の分量にもよるが、およそ20分くらいだろうか。すると、「速い！　どんな速読のテクニックを使っているんですか？」と質問が続いていく。

特に速読術を身につけようとしたことはないし、速く読むことに価値を置いてはいない。速読できるかどうかは、読書の質にまったく関係がないからだ。

むしろ、本はゆっくり、遅く、読むべきだとすら考えている。

私が本を速く読めるようになったのには、あるきっかけがある。ギリシャに留学していたころ、２５０ページはあろうかという英語の本を読んで、Ａ４用紙10枚のレポートを書く、という課題が出された。これだけでも十分苦しいのだが、驚いたのは夕方その課題が出され、提出期限が翌日の午前中だったことだ。

無理だ。絶対できない。瞬間的にそう思ったが、とにかく時間がないのですぐやり始めなければならない。焦りながら、さっそく英語の本を開いた。

すると、あることに気づいた。250ページのうちの、どの部分を読めばいいか、が明確に感じとれたのだ。自分でも少し驚いたが、考えてみれば当たり前だ。出された課題やテーマははっきりしているのだから、それに関連した箇所を見つけ、そこを重点的に読み込めばいいのだ。

つまり、「目的」が明確かどうかで、読書の質も時間も変わるということだ。その目的に関係のある情報以外は拾わなくてすむので、読むスピードは自然に速くなる。

もしあなたがドラッカーの『マネジメント』を読みたいと思っているのなら、そこには自分がリーダーとしてどうマネジメントをしていきたいのかという「読む目的」が存在している。ならば、そのヒントになる部分だけを手に入れればいい。本の概要や目次を見た段階で、何を学ぶかを明確にし、あとはその部分をじっくり読む。それだけだ。「速さ」は結果であって、それ自体には価値がない。

「そうは言っても、もう少し速く読めるようになりたい……」という人もいるだろう。しかし、考えてみてほしい。

あなたはすべての本を速く読めないのだろうか？

速く読める本もあれば、読めない本もあるのではないか？

得意なジャンルとそうでないジャンルがあるのではないか？

苦手なジャンルや未知の内容は、速く読めなくて当たり前だ。「知らない」のだから「知る」ためにはじっくり読んで、理解し、納得していく時間が必要なのだ。なんと楽しいプロセスだろう。「知らない」を「知る」に変換していく作業。そんな尊い作業を、レンジでチンするがごとく簡単にできるなどと思わないほうがいい。

ゆっくり読むのだ。そして理解するのだ。理解が深まれば、読書のスピードは自然と速くなる。

できない人は「今年○冊読む」と目標を掲げる

「速く読む」ことに価値がないのと同じく、「読んだ冊数」にも価値はない。私自身も2万冊を読んできたことに価値を置いていない。それを「どういかしたか」にこそ価値がある。本を通して新しいことを知り、ビジネスで実践したり、社会のために役立つ仕事ができたりしたときにはじめて、喜びを感じる。

年のはじめに「今年は100冊読む」などと目標を掲げる人がいる。まったくナンセンスだ。大切なことは「読む目的」であって、冊数ではない。掲げるべきは「目的」なのだ。10冊の本を読むより、名著1冊を10回読んだほうがいいこともある。よい本は、10個の目的のために、10回読める。

人をやる気にさせるには……。

正しい人事制度を作るには……。

ヒット商品を生むには……。

お金を正しく管理するには……。

そんな疑問が湧くたびに読み返せばいい。

関連性のないテーマの本をあれこれ乱読するのも楽しいことではあるが、限られた時間での学びという観点からは、効率がよくない。短い期間で同じテーマを集中して掘り下げたほうが、冊数を考えるよりも結果として深く学べ、目標に早く到達できる。ワンテーマで30冊読めば、専門家の仲間入りができるようになるだろう。

また、テーマを絞って深掘りすることで、そのすぐ横にある関連するテーマと、それを学ぶ目的も見えてくるようになる。やみくもに読むよりも、関連性をたどって、連鎖的に読書を「横展開」していくほうが、有機的で身につく教養が得られるだろう。これについては第7章で改めて述べたい。

その読書は「息抜き」か「努力」か

一流のビジネスパーソンにとって読書は、余暇を楽しむためのものではない。ビジネス活動の「入り口」に存在しているものだ。目的を持って読み、新しい知識や知見を得て、活動を開始する。アクションの起点なのだ。

年に数回、リラックスのために旅行に行くような「旅行好き」では、旅のプロにはなれない。プロになるためには、チケットの手配の仕方、地元の美味しい店、各旅館のサービス、裏道、近道……などあらゆることに精通していなければならない。四六時中、旅行のことを考えていて、どうすれば人々に有益な情報を提供できるかに想いをめぐらす「一流の変態」こそが、プロフェッショナルになれる。

読書も同じだ。マネジメントやリーダーシップ、マーケティング、ファイナンスなど、自分の課題について四六時中考えているプロフェッショナルにとって、読書は課題を克服するための最強のツールになる。赤ペンを持って、自分の身にしみ込ませたい1行に線を引き、翌朝からアクションにうつす。

つまり、読書は「努力」なのだ。決して「息抜き」ではない。

「攻める読書」と「逃げる読書」があるのだとすると、やはり「攻める読書」をおすすめしたい。

ただし、どうにも息苦しくなったとき、ふーっと息を抜けて、切れた電池を充電してくれるような、安らげる本を取りだしてみるのもいいだろう。

攻めて、攻めて、攻めて、ときおり逃げる。そんな本の読み方があってもいいのかもしれない。傷ついたときには、回復させる時間も必要だ。

途中で挫折万歳。「わからない」は尊いこと

「読み進めてきたのに、途中で挫折してしまった」という経験が、あなたにもあるのではないだろうか。たいてい、ネガティブなこととして記憶されているはずだ。

しかし、読書の挫折は、むしろいいことである。理由はふたつある。

まず、少なくとも挫折するまでは、その本に対して頭が能動的に向き合っていたはずだ。新しい知識、実践したことのないノウハウなどを文章から感じとりながら、その難解さゆえに理解に苦しんだり、気持ちに負荷がかかる。だからこそ、途中で「やめた」のだ。

この「能動的」な頭の使い方こそが、読書の大きなメリットである。

楽しいドラマ、ワクワクする映画は、理解しようと苦しまなくても、話がどんどん展開していく。現在の映画の多くは、ティーンエイジャーや家族みんなで観に行けることを意識してつくられている。そのため、よりわかりやすく、よりキャッチーになっている。観る側は、完全に「受動的」な状態になる。

しかし、本、とりわけビジネス書は、考えて消化しながらでないと、決して読み進められない。能動的なのだ。

読んで、考えて、受け取ったり受け取れなかったりしながら、また読んで、考える。この繰り返しによって、思考力はどんどん鍛えられていく。すべてがスーッと理解できるような本は、気持ちは爽快かもしれないが、脳を鍛えることはできない。

「途中で挫折した」のは、現在の自分にとって、その本の負荷が大きすぎたからだ。古典や、これまでの自分の好みとは異なるジャンルの本を読むとよく起きることだし、むしろいいチャレンジをしていると自信を持ってほしい。

挫折には、もうひとつメリットがある。読めるところまで読んだことによって、「何がわからないのか」が明確になる。「ある高名な著者の名著を、○章の○○ページまで読んだが、どうしても△△についてわからなかった」という具体的な「わからない」部分に出会える。そこに線を引いておけばいい。この1本の線から、人生は動きだす。

その「わからなかった部分」を専門家や先達に会ったときに、謙虚に尋ねてみるのだ。一流の人は、相手がどんな本を読み、何と格闘しているかによって、その人が本気かどうか、学ぶ姿勢を持っているかどうかを見抜く。それがわかると、たいていは親身になって教えてくれるものだ。おそらく、かつての「わからなかった自分」の姿と重なるのだろう。ときには同志のように扱ってくれることもある。

わからないことは単にわからないままになっているのではない。知らないうちに自分の頭のなかに「わからなかったこと」として叩きこまれ、蓄積されて、その後の勉強を進める際、無意識に、自然に答えを引き寄せ始める。

あるとき突然、急に理解できたり、腑に落ちたり、人が救いの手をさしのべてくれたりする。これも挫折のおかげ。「わからない」は尊いことなのだ。

賢者は努力する人を決してバカにしない

頭をスポンジ状態にしておけば自然と情報が集まってくる。その引き寄せのきっかけになるのが「わからないことに出会う」ことだ。

自分の脳が穴だらけのスポンジだと想像してみてほしい。

軽くてスカスカで、どうにも頼りない。

いますぐひたひたに水につけて、空間を満たしたくなる。

しかし、スポンジ脳にはスポンジ脳のいいところがある。わからないことがたくさんある、ということは、これから多くの知識を吸収すれば空間を埋めることができるのだ。

私はいまでも、自分の頭の一部が相変わらずスポンジであることをおそれない。著者や編集者に、スポンジならではのクエスチョンをぶつけて、本には書かれてさえいなかった情報を引き出すこともある。

むしろ何でも吸収しようとするスポンジであることは、圧倒的な「競争優位性」を作れるのだ。高名な学者にインタビューするとして、彼の難しい著作と格闘しながら挫折した人と、1ページも開いたことがない人では、スタートラインの次元が異なっている。引き出せる話もまるで変わるだろう。

スポンジであることを自覚し、どうすれば知識という水でひたひたにできるのか、つねに考えて行動すればいいのだ。

読書そのものによって競争優位性が手に入るのではない。

読書は、競争優位性につながる質問をしたり、行動を起こしたりするための「きっかけ」であり、「ツール」だ。

少年のころ、昆虫図鑑を読むと、実際に野山に行って昆虫を探しまわった。昆虫少年としての私の競争優位性は、「歩きまわって実物を見た」ことである。昆虫図鑑を飽かず眺めていたのは、現場を検証するための前提知識を得る行為であって、実際の昆虫たちとつき合ってはじめて知恵が生まれた。

読書は入り口にすぎない。だからスポンジのままでいい。しかし、こんなにすごいきっかけを作ってくれる行為は他には見当たらない。

トヨタ自動車の幹部に面会するとしたら、大野耐一氏の『トヨタ生産方式』（ダイヤモンド社）を読んで、ひとつでもふたつでもわからないところを確認できるといい。

『ザ・ゴール』（エリヤフ・ゴールドラット・著、三本木亮・訳、ダイヤモンド社）を読んで挫折しておけば、『フィッシャーの「超」成長株投資』（フィリップ・A・フィッシャー・著、高田有現、武田浩美・訳、フォレスト出版）に線を引いていれば、どれだけのすごい人たちと仲良くなり、深くて有益な話をしてもらえるだろうか。考えただけでも心が弾んでくる。

賢者は、努力する人をバカにしたりはしない。

挫折してスポンジ脳を手に入れることは、競争優位性にアクセスするチケットなのだ。

第3章

「全体」を見るな。「部分」を見よ

ジョコビッチがボリス・ベッカーをコーチにした理由

私は高校時代テニス部の選手で、秋田県でベスト8になった。私自身は才能を持ったプレーヤーではなかったと思う。にもかかわらず、「練習の方法」を自ら工夫することで結果を出すことができた。その経験が、いま読書や勉強の姿勢に強くいかされている。

それは、「全体練習」よりも「部分練習」を大切にしたことだ。

「森」を見ず、「木」を見たのだ。

テニスのショットには、サーブ、フォアハンド、バックハンド、スマッシュ、ロブなどいろいろな種類がある。ベースラインぎりぎりでの打ち合いもあれば、ネットにつめることもある。あらゆるショット、あらゆるシーンに対応できたほうがプレーの厚みは増す。

では、どのような練習をすべきか。

ありがちなのは、一対一でひたすらラリーを続けて打ち合う練習をする方法。これが「全体練習」だ。いろいろなショットが登場する可能性があるが、逆にひとつも練習できないショットもある。

一方、サーブだけを集中的に練習したり、バックハンドだけを徹底的に練習したりする方法もある。これが「部分練習」だ。各パーツの練習を重ね、試合であらゆるシーンに対応できるようにしていくのだ。

私は断然、「部分練習」をすべきだと考えている。

勝負の世界では、弱点をすぐに見抜かれる。相手から、フォアハンドは得意だがバックハンドが苦手だと見抜かれれば、徹底してバックをつかれる。わざわざ打ちやすいフォアにボールを運んでくれるのは、よほどのお人好しか、ボールボーイくらいだ。

敵は弱点をついてくる。だから、バックハンドを集中的に練習しなければならない。

世界ランキングナンバーワンのノバク・ジョコビッチは、なぜボリス・ベッカーをコーチに迎えたのか？

おそらく、答えは「サーブ」だ。

ジョコビッチはもともとサーブのスピードがさほど速い選手ではなかった。そこで、現役時代に高速サーブで相手選手を圧倒してきたボリス・ベッカーをコーチに招聘(しょうへい)し、その秘訣を徹底的に伝授してもらったのだろう。事実、彼のサーブは年を追うごとに磨きがかかっているし、サービスエースの数も確実に増えた。つまり、自分の弱みを埋める「部分練習」をしたのだ。ジョコビッチのような超一流ですら、「部分練習」を想定してコーチ選びをしているわけだ。

よいサーブを放つ。好きなフォアハンドだけでなくバックハンドを鍛える。速い球に対する恐怖心を抑える。リターンを返す。ボレーを練習する。ネットに駆け寄るタイミングに慣れる。こうした部分練習の積み重ねこそ、強いプレーヤーを育てていく。

靴ひもの結び方を練習したことがあるか？

仕事もテニスとまったく同じだ。日々の仕事を漫然とやっているだけでは、得意なことの強化も、弱点の克服も、どちらもできない。人間は、ただでさえ慣れ親しんだほうに流れ、同じことを繰り返したくなる生き物だ。そのほうが安心だし、変化をする必要がない。しかし、それでは一流になれない。

厳しいビジネスの世界では、敵はあなたや、あなたの会社の弱点をついてくる。ちょっと考えてみてほしい。あなたは、ライバル会社の弱点をいくつか思いつかないだろうか？

A社は営業は強いけれど、商品力が弱い。

B社はいい商品があるのに、流通が弱い。

C店は料理は美味しいのに、接客が悪い。

それと同じように、ライバルもあなたの会社の弱点を見抜いている。苦手なバックハンドにボールが来たとき、あなたの会社はきちんと打ち返す練習をしているだろうか。


『成功する練習の法則』（ダグ・レモフ、エリカ・ウールウェイ、ケイティ・イェッツイ・著、依田卓巳・訳、日本経済新聞出版社）に、UCLA（カリフォルニア大学ロサンゼルス校）バスケットボールチームのコーチを務め、「20世紀でもっとも偉大なコーチ」に選ばれたジョン・ウッデンという人のエピソードが出てくる。彼は選手たちに、バスケットボールシューズのひもの結び方を徹底的に教えるようだ。

小さな目標をまず認識させ、それをしっかりとやり遂げさせ、自信を持たせること。これこそ「部分練習」の第一歩であり、成功の入り口なのだ。


時間が有限である以上、読める冊数も有限である。仮に、あなたが1000冊の本を読むとした場合、自己啓発書ばかり1000冊読んでも意味がないことはわかるだろう。では、どんなジャンルの本を読めば、弱点を克服できるだろうか？　どんな分野を強化すれば、他社との競争に勝てるだろうか？　そのための「部分練習」とはどんなものだろうか？

世界的な投資家のウォーレン・バフェットは、「バリュー株投資」をベンジャミン・グレアムに、「成長株投資」をフィリップ・A・フィッシャーに学び、自らの投資スタイルを完成させた。さて、あなたは誰から、何を学びたいだろうか。次からはいよいよ、「部分練習」の戦略のつくり方について見ていくことにする。

得手を磨き、不得手をなくす読書戦略

まずは、どんなジャンルを学ぶべきか「分類」することが大切になる。この種の認識で優れているのは、コンサルタントの内田学氏の『MBAエッセンシャルズ』（東洋経済新報社）だ。現在は改訂版が出版されている。

内田氏は同書のなかで、MBA（経営学修士）を目指す人が学ぶべきジャンルを、次の8つに分類している。

経済学／オペレーションズ／マネジメント／統計学／人材管理／アカウンティング・ファイナンス／戦略計画／マーケティング

ここでまず注目してほしいのは、この8つのジャンル分けそれぞれの内容ではなく、こうしたジャンル分けのやり方そのものである。あなたがＭＢＡを目指すことを目的としてこれから読書を始めるのであれば、内田氏の教えに従うことはかなり有用だろう。

ただ、実践で戦う本書の読者には、もう少し汎用性のある分類のほうが適しているように思う。そこでこの後、内田氏の説をアレンジして、私なりの8分野を提示したい。

もしあなたが、より自分の専門分野について深く掘り下げるために読書をしたいのであれば、内田氏や私の分類に従う必要はない。たとえば編集者には編集の、アパレル業界にはファッションの、それぞれ外せない分類があって当然である。自分なりの分類をし、どのような読書プランを立てるか考えてみるといいだろう。

分類することそのものを学び、自らオリジナルのジャンル分けをしてみたいという人は、東大大学院教授の三中信宏氏の著書『分類思考の世界』（講談社現代新書）が参考になる。

この本は三中氏の専門である生物分類学を通して「分類」の歴史と難しさ、重要さを教えてくれる、いわば分類学の教科書だ。理系の発想に馴染(なじ)んでいる人には受け取りやすい情報だし、文系の人には新鮮な視点である。ぜひ参考にしてみてほしい。

ところで、こうしてジャンル分けすると、興味の持てそうな分野、持てなさそうな分野が明確に見えてくるものだ。好き、嫌いもあるだろう。

四六時中その分野のことを考えていても苦にならないのなら、おそらく本物である。ただし、そうではない分野についてもひと通り知っておくことは非常に有益だ。知らなかった知識が好きな分野に生きることもあるし、そもそも食わず嫌いだっただけで、のぞいてみたらむしろそちらに興味が向く可能性もある。まずはまんべんなく読み通してみて、それでも特定の分野に深く興味があるなら、そこから深掘りを始めても遅くはない。

一流になるための８つの「部分練習」とは？

では、ビジネスパーソンに向けた、より汎用的な私なりの分類を紹介しよう。「部分練習」をするうえで、きちっとおさえておきたい８つの分野だ。

1 会計、ファイナンス
2 戦略
3 マーケティング
4 オペレーション
5 マネジメントとリーダーシップ
6 商品開発
7 統計
8 経済

まず、この8分野を眺めてどんな印象を持つだろうか。

大学で会計学やファイナンスを学ばなかった人にとっては、「会計、ファイナンス」なんて、ちょっとうんざりしそうになるかもしれない。しかし、ビジネスをするうえで、財務諸表が読めないのはかなりのハンディキャップだ。苦手な人が多いからこそ、克服すれば他者に大きく差をつけられる。「統計」や「経済」なども同様だろう。

このように、いままで通ってこなかった、あるいは重要性を知りながらなんとなく避けてきた分野を、この機会にぜひ見ておくといい。この本がそのきっかけになればこんなにうれしいことはない。

まずは「名著」を読みなさい

この後、分野ごとに「部分練習」のポイントと、ベースとなる教科書を紹介していくが、あなたがはじめてこうした戦略的読書に臨むのであれば、読むべき本は多くの人に支持されている「名著」がいいだろう。なぜなら、各分野そのものの概要や王道をおさえておくべきだからだ。

さらに踏み込むと、名著はライバルや敵も読んでいる。経営者にはたいてい、座右の書があるものだ。ドラッカー、コトラー、ポーター。名著の内容をおさえておけば、ライバルがどんな本の内容を基準にして経営を組み立てているのか、マーケティング戦略を練っているのか、わかるようになる。

あなたはライバルのこんな言葉を聞いたことはないだろうか？

「私の戦略の基本は、コストリーダーシップ戦略です」
「トヨタ生産方式に大きな影響を受けて……」
こんなとき、「コストリーダーシップ戦略」がどんなものか、「トヨタ生産方式」が何を意味するのか知らなければ、ライバルを分析しようがない。逆に、コストリーダーシップ戦略が何かわかる人は、そのライバル会社が、次にどのような経営判断をするか予測できるようになる。そして、そこにはどんな弱点がありそうか。自分たちは、どんな反撃に出ればいいのか。そこまで見えてくるかもしれないのだ。

名著とは、言い換えれば、世の中の多くの人たちが参考にしている「基準」のようなものだ。基準を知らずして、ビジネスは成功しない。ここでは、最近の本と古い名著を織り交ぜながら、まずは万人が読んでいるものを中心にセレクトしてみた。

ちなみに、今回は8分野に入れなかった「ITとデザイン」、そして「コミュニケーションと英語」について触れておこう。

「ITとデザイン」の組み合わせは、もはや主要科目といってもいいものだが、8分野と並行して学ぶよりは、もっと応用を利かせる段階に入ってからでもいいと考えた。もっとも、それを知るかどうかで今後いっそう差がつくし、特にデザインはグローバルマーケットにおいて日本人の多くが苦手としているジャンルである。興味がある人は、このジャンルも掘り下げてみるといい。また8分野の読書で一定の力がついたら、不得意な人にもチャレンジしてほしい分野だ。

「コミュニケーションと英語」は、文字通り日本語によるコミュニケーション術、マナーやジェスチャーなどのノンバーバルな知識、そして英語力を示している。この「部分練習」も重要だが、読書で知恵を得るというよりは実践に近いし、それを私が語るのは少々差し出がましい。また、他の分野とのバランスもよくないので、この本では割愛させていただく。多くのプロフェッショナルがいるジャンルなので、読書とは別に、日本語や英語のコミュニケーションの能力向上はつねに目指してほしい。

それでは、8つの「部分練習」を、ひとつずつ見ていくことにしよう。

1 会計、ファイナンス

「損益計算書」は上から順に大切なことが書かれている！

この項目をいちばんはじめに置いたのには、大きな意味がある。

会計がわからない以上、いくらビジネス書を読んでも、正確な理解や評価は難しい。したがって、ビジネス書に身になる線を引きたければ、まず会計、ファイナンスの基礎知識を身につけてほしいのだ。

企業の会計には、財務諸表と呼ばれる基礎的な書類があり、そのなかでもっとも重要な3つを「財務3表」と呼んでいる。「損益計算書」（P／L、プロフィット・アンド・ロス・ステートメント）、「貸借対照表」（B／S、バランスシート）、そして「キャッシュフロー計算書」（C／F、キャッシュフロー・ステートメント）だ。ここでは、会計にアレルギーを持っている読者のために、「損益計算書」を例として、会計を学ぶことの重要性を説明していこう。

「損益計算書」は、ある期間（通常は営業年度）における、収益と費用、そして利益を計算した書類だ。上から、次のような6項目が並んでいる（ここでは理解しやすくするため特別利益、特別損失は省く）。

売上高／売上原価／販売費及び一般管理費（販管費）／営業外損益／税金／当期純利益

ポイントは、その順番だ。「上から順に大切な項目が並んでいる」と知っておくだけで、会計への苦手意識がかなり薄らぐだろう。つまり、お客様→取引先→従業員→銀行→国→株主の順である。

もっとも大切なのは、いちばん上の「売上高」（お客様）だ。損益計算書は、上へ行くほど額が大きくなっていれば、じつは、その企業は赤字にはならないのだ。

企業の経営が悪化する要因はいくつかある。

売上の減少。原価の上昇。人件費の高騰。

どれも企業を危うくする要因だが、もっとも危機的なのは売上の減少だ。これを知っているだけで、経営者の視点でビジネス書が読めるようになってくる。

「社員全員が経営者感覚を持ってほしい」と上司に言われたことがあるかもしれないが、その上司はおそらく「経営者感覚」が何かをわかってはいない。経営者感覚の最たるものは、この6項目とその順序を知っているかどうかだ。これを知らなければ、企業は滅びるのだ。

ジョンソン・エンド・ジョンソンの有名な社是「我が信条（Ｏｕｒ Ｃｒｅｄｏ）」は、

それ自体が名文なのだが、読んでいくと、あることに気づく。

〈我が信条〉

我々の第一の責任は、我々の製品およびサービスを使用してくれる医師、看護師、患者、そして母親、父親をはじめとする、すべての顧客に対するものであると確信する。（中略）適正な価格を維持するため、我々は常に製品原価を引き下げる努力をしなければならない。（中略）

我々の第二の責任は全社員に対するものである。社員一人一人は個人として尊重され、その尊厳と価値が認められなければならない。（中略）

我々の第三の責任は、我々が生活し、働いている地域社会、更には全世界の共同社会に対するものである。我々は良き市民として、有益な社会事業および福祉に貢献し、適切な租税を負担しなければならない。（中略）

我々の第四の、そして最後の責任は、会社の株主に対するものである。事業は健全な利益を生まなければならない。

勘のいい読者なら、お気づきかもしれない。この「我が信条」は次のような順番でメッセージが書かれている。

顧客を大切にする／製品原価を引き下げる／社員を尊重する／地域社会、共同社会に貢献する／租税を負担する／利益を生む

ここで、先ほどご紹介した「損益計算書」に書かれている6項目の順番をもう一度見てほしい。

売上高（お客様）／売上原価（取引先）／販管費（従業員）／営業外損益（銀行）／税金（国）／当期純利益（株主）

ふたつを重ねてみる。

顧客を大切にする（お客様）／製品原価を引き下げる（取引先）／社員を尊重する（従

業員）／地域社会、共同社会に貢献する（銀行）／租税を負担する（国）／利益を生む（株主）

見事に一致するのだ。これが偶然であるはずがない。

企業が発展していくうえで、「損益計算書の項目の、上から順に大切にしていくべき」ということを、ジョンソン・エンド・ジョンソンは身をもって知っているということだ。「我が信条」が忠実に実行されている限り、赤字には決してならない。

ここではこれ以上立ち入らないが、売上高のなかでもとりわけキャッシュ（現預金）をどのように得ているか、比率はどのくらいか、ということに注目できるようになると、今度は貸借対照表やキャッシュフロー計算書が気になってくるし、さまざまな企業の状態や仕組み、強み、弱みが理解できるようになる。

ビジネス書を読みながら企業分析をする場合には、それらが出てくる箇所に線を引くわけだ。

たとえば「お金が先に入ってくる仕組み」を作ることができれば、経営は安定する。鉄道会社がＩＣカードにチャージを促すのは、お客さんから先にお金をとったほうが経営を健全化できるからだ。

ユニ・チャームという、日本が誇るべき成長企業については第４章で述べるが、その凄さはユニ・チャームだけを見ていてもわからない。財務状態を比較する対象が必要だ。同じくグローバルマーケットを主戦場にしているＰ＆Ｇやキンバリー・クラークと比べたらどうなのか。財務分析の基礎をおさえておくと、数字から強みが浮かび上がってくる。すると、たとえば海外旅行に出かけて現地のスーパーマーケットをのぞいたときに、各メーカーがどんな意図を持ってその商品構成にしているかが見えてきたりもする。

会計がわかれば、会社や世の中の仕組みが見えてくる。苦手意識を克服して、ぜひ「部分練習」に取り組んでみてほしい。

［会計、ファイナンスを知るためのおすすめ書籍］

◆『決算書がおもしろいほどわかる本』（石島洋一・著、ＰＨＰ文庫）

会計の初歩の初歩を知るための最初の１冊として最適。会計どころか数字が苦手な人でも会計の仕組みが理解できるよう、非常にわかりやすく解説されている。

◆『決算書がスラスラわかる　財務3表一体理解法』（國貞克則・著、朝日新書）

2冊目の入門書としておすすめ。財務3表の関係性が一発で理解できる画期的な1冊。特に図解による解説がわかりやすい。

◆『一生モノのファイナンス入門』（朝倉智也・著、ダイヤモンド社）

著者は投資信託評価機関モーニングスターの代表。文学部出身ながら自費で海外留学しMBAを取得するなど独学でファイナンスを学んでおり、読者の環境に似ている。ファイナンスの本質、キャッシュフローの動きで見た会社タイプ、企業の比較分析、買収価値の算出方法など、前の2冊より内容は高度ながら、記述がやさしい。企業をキャッシュフローで8つのタイプに分類した図表が秀逸。

◆『財務諸表分析』（桜井久勝・著、中央経済社）

前の3冊を読んでなお会計や財務分析に関心があるなら、ぜひ触れてほしい1冊。改訂を重ね、現在は第6版となっている名著。

じつは私の大学時代の教科書でもある。会計士になるのでなければ全部を読む必要はないが、冒頭だけでも一見の価値あり。

2 戦略

その戦略は他者に真似（まね）できるかどうかを見よ！

言うまでもなく、戦略は極めて大切だ。あなたや、あなたの会社が「独自」の戦略を立てることができれば、市場での競争優位性を勝ち取ることができる。

『ブルー・オーシャン戦略』（W・チャン・キム、レネ・モボルニュ・著、有賀裕子・訳、ランダムハウス講談社　2015年、新版がダイヤモンド社から刊行）というベストセラーがある。多くの経営者やマネジャーがこぞって読み、その戦略を取り入れている。

「ブルー・オーシャン戦略」とは、プレーヤーの多い既存市場である「レッド・オーシャン」で戦うのではなく、競争者のいない新たな市場「ブルー・オーシャン」で商品を創造し、利幅を最大化していく戦略だ。つまり、敵のいない市場を見つけ出すのだ。

しかし、この戦略には致命的な欠点がある。

「ブルー・オーシャンであり続けることはできない」

というシンプルな真理だ。たとえ一時期ブルー・オーシャンだったとしても、ほかのプレーヤーたちがすぐに参入してきて、たちまちレッド・オーシャン化し、価格競争の渦に巻き込まれてしまうのだ。あわてて次のブルー・オーシャンを探しても、そう簡単に見つかるものではない。

『フリー〈無料〉からお金を生みだす新戦略』(クリス・アンダーソン・著、小林弘人・監修、高橋則明・訳、日本放送出版協会)という本がベストセラーになったのは2009年だが、いまフリー戦略をとって競争優位性を保っているプレーヤーがいるだろうか。

みんながフリー戦略を始めたあとどのように優位性を保つのか——。本当に知りたいのはそこである。

ウォーレン・バフェットはビル・ゲイツとの対談で、「イノベーションで先んじても、商品の質を上げても、長い目で見れば、模倣されて、競争優位性は失われてしまう」と語った。アメリカの経営学者、マイケル・ポーターの『競争の戦略』をみんながこぞって勉強すれば、結局差別化できず「同じ穴のむじな」になってしまう。それでは、競争優位性を永続できない。

他社に真似できない戦略をつくりあげられるかどうか。戦略を勉強するときのポイントはこれである。だから、簡単に真似されない戦略をつくりあげた企業や経営者から学ぶべきだ。本を読み、独自の戦略が垣間見える部分に線を引ければ、戦略思考が身につき、持続可能な競争優位性を吸収できるようになる。

一見戦略とは関係のなさそうな、塩野七生氏の『海の都の物語』(新潮文庫)が語るヴェネツィア共和国の繁栄の秘密や、ジョージ・フリードマンが『100年予測』(櫻井祐子・訳、早川書房)で語るアメリカの長期的な優位性なども、真似されない競争優位性を考えるいいきっかけにできる。

同じ戦略をとるライバルが現れれば、ビジネスは危うくなる。

あなた独自の戦略を練る礎をつくるつもりで、名著に線を引いてみてほしい。

【戦略を知るためのおすすめ書籍】

◆『経営戦略全史』(三谷宏治・著、ディスカヴァー・トゥエンティワン)

大学で経営戦略を学んでこなかった人が手っ取り早く学ぶための最適の書。戦略論の歴史的流れと偉人たちのエピソードが満載で、経営戦略の基本が理解できる。

◆『**ストーリーとしての競争戦略**』（楠木建・著、東洋経済新報社）

単発のビジネスモデルでは競争優位は築けず、「こうすると、こうなる。そうなれば、これが可能になる」というストーリー、つまり時間展開を含んだ因果論理こそが競合の模倣を困難にすると説き、スターバックスやアマゾン、セブン‐イレブンなどさまざまな事例を読み解いていく。特に、アマゾンの戦略ストーリーを示した図解が素晴らしい。

◆『イノベーションのジレンマ』（クレイトン・クリステンセン・著、玉田俊平太・監修、伊豆原弓・訳、翔泳社）

うまくいっている人は、うまくいっている戦略を手放せない。そこに新規参入のチャンスがある。参入するか、しないかには、参入できるか、できないかという能力の問題だけでなく、参入したいか、したくないかという意思や感情の問題があることを書いた名著。

◆『良い戦略、悪い戦略』(リチャード・P・ルメルト・著、村井章子・訳、日本経済新聞出版社)

リソース・ベースド・ビュー(経営資源の活用を重んじる戦略の考え方)の大家、ルメルトが書いた戦略の本質論。

戦略の基本は、相手のもっとも弱いところに、自分の最大の強みをぶつけることと喝破。第一次世界大戦、第二次世界大戦、湾岸戦争などの戦略から、ＩＫＥＡやウォルマート、アップルなどの競争優位性までを語る。４００ページを超える大巻だが、ちょっと読むだけでもさまざまなヒントを得られる名著。

3 マーケティング

セリングを不要にせよ！

マーケティングの神様、フィリップ・コトラーは、マーケティングとは「顧客に向けて価値を創造、伝達、提供し、組織および組織を取り巻く利害関係者を利するように、顧客との関係性をマネジメントする組織の機能および一連のプロセスである」と定義しているが、なかなか覚える気にすらなれない。

ただ汲み取っておきたいのは、マーケティングは「利害関係者を利する」という基本的な機能を持っているということだ。

マーケティングの目的は、「セリングを不要にする」ことだ。

セリングとは、要するにモノやサービスを売ること、いわゆる「営業」である。「営業」して売り込まなくても、モノやサービスが売れていくような状態を作ることが、マーケティングの機能なのだ。

現代では、セリングをかけられると、顧客はかえって価値に疑いを持つ。頭を下げて買ってくださいとお願いされると、そうでもしなければ買ってもらえない理由があるのではないか、本来負担する必要のないコストが上乗せされているのではないか、と考え始める。

反対に、マーケティングが成功し、顧客が自ら買いに来る状況ができていれば、売り手・買い手相互に信頼関係が構築され、自然と売れていく。

マーケティングをビジネス書から学ぶ際は、「セリングをどのように不要にしているか」を見ていくといいだろう。

スターバックスはなぜ宣伝をしないのに、ブランドを保ち続けられているのか。その原因をたどっていくと、直営にこだわることであえて効率を追求せず快適さを保っていることが見えてくる。ライバルよりも高いコーヒーを売っているにもかかわらず売り込みをせずに済むのは、じつは非効率を意図的に許容しているからだということが読み取れるようになる。

近年の経営はおしなべて効率、正確に言うとROE（株主資本利益率）の最大化を狙いに行くが、それだけでは結局、他社と似たような経営になってしまう。そこを無視できる経営者の存在こそ、マーケティングパワーの源泉であることがわかる。

「情報」という観点からも、マーケティングの意味合いは変わってきている。東京の代々木上原に「住建ハウジング」という地域密着型の不動産仲介会社がある。この会社の営業担当者は営業をほとんどせず、ひたすらホームページの更新に従事しているという。毎日、毎日、物件の新情報を更新し続けているのだ。

かつてとちがい、顧客は、さまざまな手段で情報を調べ、比較できる立場にある。賃貸物件探しにおいては、住みたいエリアの細かな情報、物件の面積や設備、築年数などによる賃料の相場など、詳細な情報を持っている。このような顧客に、セリングをしても意味がない。

同社はそこに気づいているからこそ、最新情報を豊富に扱っていることが価値であり、顧客を吸い寄せる力があると考えた。そこにリソースを振り向けることこそ最強のマーケティングなのだ。

「営業」に力を入れている、「営業」の力でうまくいっている、と語る経営者の本は疑いながら読んだほうがいい。「営業」は人間にしかできず、しかも人間ほど高くつくコストはない。今後、「営業」的な手法で生き残るのは、コンサルテーション以外ないのではないだろうか。

うつりゆく世界に合わせて、マーケティングも変わっていく。基礎をおさえれば、今後どう変わっていくのかを示唆する内容に線が引けるはずだ。

マーケティング関連は私の専門分野であり、おすすめできる書籍もたくさんあるのだが、あえて次の5冊に絞ってみた。

［マーケティングを知るためのおすすめ書籍］

◆『ポジショニング戦略［新版］』（アル・ライズ、ジャック・トラウト・著、川上純子・訳、海と月社）
ふたりの世界的なマーケティング戦略家の歴史的名著が［新版］として復刻。いまだに色褪せておらず、むしろより有効になってきている。消費者の頭のなかにある認識を利用し、ポジションを築いて関係性を表現していく手法がポジショニングだ。〝Think Small〟であえて小ささを強調して成功したフォルクスワーゲン・ビートルやジョンソン・エンド・ジョンソンの「ジョンソンベビーシャンプー」などの事例を通じて具体的に学べる。

◆『フォーカス！』（アル・ライズ・著、川上純子・訳、海と月社）
フォーカス、つまり事業を絞り込むことで利益を出すことを説く。ラインの拡大や多角化で規模を大きくしても、結果としては利益率だけでなく利益額も減ってしまう傾向にあることをデータで示した、ワクワクする1冊。ちなみに海と月社は良質の広告、マーケティング関連書籍を多数復刊している。

◆『ザ・コピーライティング』（ジョン・ケープルズ・著、神田昌典・監訳、齋藤慎子、依田卓巳・訳、ダイヤモンド社）

マーケティングの重要な分野、コピーライティングのバイブル。著書『ある広告人の告白』で知られる「広告の父」デイヴィッド・オグルヴィや、神田昌典氏が参考にした名著。実証に基づくコピーライティングの教材はそもそも数が少ない。訴求するポイントの重要性や効果の検証が、実例とともに解説されている。

◆『クール 脳はなぜ「かっこいい」を買ってしまうのか』（スティーヴン・クウォーツ、アネット・アスプ・著、渡会圭子・訳、日本経済新聞出版社）

本書執筆時に読んだもののなかで秀逸。クールとされているものがなぜ「クール」なのか、そしてどのようにしてやがて「クール」でなくなるのか。人間の脳は何をもって「クール」だとみなすのか、価格と「情報コスト」から謎に迫る。線を引くどころか、思わず四角で囲ってしまった箇所のある1冊。それがどこかは巻末のお楽しみ。

◆『コトラー&ケラーのマーケティング・マネジメント』(フィリップ・コトラー、ケビン・レーン・ケラー・著、恩藏直人・監修、月谷真紀・訳、丸善出版)

1000ページの大作だが、絶対と言っていいくらいおすすめの教科書。改訂12版となり、神様といえどもコトラーだけでは弱かったIT化以降の要素が、ブランドマネジメントの大家ケラーによって補われて復活。ザッポスやUber、Airbnbがなぜヒットするのか理解できるようになるはずだ。

かつてならアメリカに行かなければ学べなかった数々の事例が、たったの9000円、しかもフルカラーで手に入るのだ! 読まない手はない。

4 オペレーション

目指すはオペレーションエクセレンス!

オペレーションとは、概念的に言えば「運営」だが、私なりに意訳すると「現場の人たちの動き」ということになる。

オペレーションがエクセレント（卓越している）だと、競争優位性が築けるのだ。

先日、居酒屋チェーンの「塚田農場」に行った。時々、成功している企業のオペレーションを垣間見るために、現場に出かける。小売業や接客業は直接のぞけるのだから、行かない手はない。

果たして、オペレーションは素晴らしかった。

特に、どの従業員にも微笑（ほほえ）みがあふれている。客を見送る姿勢までしっかりしている。いいサービス、いいホスピタリティ。誰もがいい接客をしている背景には、ただ笑え、感動させろと経営者が強要しているのではなく、無駄がなく、確信に満ちていて、納得したうえで働けるオペレーションのエクセレンスさが存在しているのだと思う。これは他の居酒屋チェーンには簡単に真似できそうにない競争優位性だ。

これまでの多くの戦略論は、前の項でも述べた通り、結局差別化が持続できなかった。しかし、塚田農場のようなエクセレントなオペレーションは、一朝一夕に真似はできない。いきなり従業員に感動の接客をしろ、前向きになれと強要したところで簡単にできるものではない。

こうした例は、身近にもたくさん存在する。

セブン-イレブンはなぜコンビニエンスストアの王者になれたのか。

ユニクロはなぜSPA（製造小売り）で世界に挑戦できるのか。

これらの秘密を知りたければ、すぐに店舗に行って、従業員たちの動きや商品の位置を見てみるといい。

オペレーションエクセレンスを作り出すための最高の教師は、「トヨタ自動車」である。他に自動車メーカーはたくさんあるにもかかわらず、トヨタは世界的な勝利を長年にわたって収めている。

正直な感想を言うなら、車そのものに決定的な差があるとは考えにくい。あっても僅差であろう。むしろトヨタは、時代が進めば進むほど、オペレーションの優秀さによって、同じコストでより質のいいもの、あるいはよりたくさんのものを生み出せるようになったことで、決定的な優位性を獲得した。

贅肉（ぜいにく）のある企業に比べ、身体の引き締まった企業は、同じリソースでより早く、より安くアウトプットができる。

そして、自社にとっては黒字だがライバルには赤字になるであろうところに「戦場」を設定するだけで、相手は確実に撤退せざるを得なくなる。トヨタもユニクロも、そうしたオペレーションエクセレンスに世界的な強みがある。

企業の事例を学ぶ際には、このような視点を持つと、その企業が強い本当の理由がすけて見えるようになるだろう。

【オペレーションを知るためのおすすめ書籍】

◆『ザ・ゴール』(エリヤフ・ゴールドラット・著、三本木亮・訳、ダイヤモンド社)
厚い本だが、小説なので読みやすい。重要なポイントはTOC(制約条件の理論)だ。全体の「スループット」を増やすことが大切で、そのために部分的な「ボトルネック」を解消することを優先する。

もっとも生産性の低いところを改善しなければ、オペレーション全体のスループット、アウトプットは増えず、結果として利益はあがらないということ。その他のところがいくら頑張っても、無駄になりかねず、部分最適をどれだけこなそうと、全体最適にはつながらないということだ。

大きな企業の社員ほど体感しづらい貴重な視点が書かれている。

◆『トヨタ生産方式』（大野耐一・著、ダイヤモンド社）

オペレーションに関して学ぶなら、当面『ザ・ゴール』と本書の2冊でいいだろう。そのくらい素晴らしい名著。1978年初版だが、かんばん方式に代表されるトヨタのオペレーションの元を作り上げ、副社長まで務めた著者の思想と言葉は、技術がどのように変わろうといまだに生き続けて、業界を飛び越えて影響を与え続けている。なぜそうしたのかが、本人の言葉で綴（つづ）られているからだ。なかでも「ムダの列挙」は、本書で述べた「戦略を箇条書きしている本は良書」の典型例。

5 マネジメントとリーダーシップ

マネジャーとリーダーの「ちがい」を知る！

マネジメントとリーダーシップはちがう。よく混同されがちだが、両者の役割は明確に異なる。この分野の勉強をするときには、この前提条件を知っておくことが何より大切になる。リーダーとは、ビジョンを掲げ、方向を指し示す人だ。マネジャーは文字通りマネジメントをする人であって、リーダーが指し示した方向に進むために組織をまとめる人である。

役割も責務も、100%といっていいくらい別のものだ。あとで紹介する『最高のリーダー、マネジャーがいつも考えているたったひとつのこと』は、この点が明確に示されている良書だ。いくつかポイントをあげてみる。

優れたマネジャーは選択の余地がないこと、自分の責務を果たすには「部下の気持ち」から始めるしかないことを知っている。

しかし、リーダーは決して現実に満足しない。現実と可能性の衝突がリーダーを燃え立たせ、前進させる。

つまり、マネジャーは組織や部下を見ていて、リーダーは未来を見ているのだ。

したがって、優れたマネジャーは謙虚だが、優れたリーダーは決して謙虚ではない。孫正義氏や三木谷浩史氏は、なるほどリーダーなのだ。

これほどまでに役割も責務もちがうふたつの要素がときに混同されるのは、企業のなかで両者の役割が混同されていたり、そもそもどちらの役割も果たさなければならない中間管理職が多かったりするためだろう。

両者の役割のちがいがわかっていれば、自分はどちらのタイプで、どちらの要素が「足りない」のかが見えてくる。また、自分の会社の経営者にむかって「無茶ばかり言う」なとど嘆くこともなくなるだろう。なぜなら、経営者はマネジャーではなく、リーダーだからだ。リーダーは未来を見ている。当然、「無茶」を言うのだ。

読者としてビジネス書に線を引くときには、リーダーシップとマネジメント、どちらの視点において重要だと思うのか、自分はいまマネジャーとして読んでいるのかリーダーとして読んでいるのか、などを明確に意識するといいだろう。とっておきの名著があるので紹介する。

［マネジメントとリーダーシップを知るためのおすすめ書籍］

◆『［新版］組織行動のマネジメント』（スティーブン・P・ロビンス・著、髙木晴夫・訳、ダイヤモンド社）

世界でもっとも読まれている組織行動学の教科書の新版。マネジメントに関しては、他のあらゆる本を読む前に触れておきたい決定版的な1冊。マネジャーたちが個人の経験をもとに語る本も魅力的だが、組織行動学に基づいて個人の行動や動機づけを研究した本書を読んでからだと、汲み取れる部分がちがってくる。

そして、どんな人がマネジャー向きなのかも明確に書かれており、自分や他人がマネジャー向きかリーダー向きかが判別できるようになるという、実用的な面も兼ね備えている。

◆『最高のリーダー、マネジャーがいつも考えているたったひとつのこと』（マーカス・バッキンガム・著、加賀山卓朗・訳、日本経済新聞出版社）

『さあ、才能(じぶん)に目覚めよう』（邦訳版、日本経済新聞出版社）でも知られる著者は、アメリカの有名調査機関ギャラップ出身で、長年トップ企業のリーダー、マネジャーを調べてきた。その成果が、優れたリーダー／マネジャーの資質、心構え、スキルとしてまとめられ、どんな施策を打ってきたのかがわかる。

◆『完全なる経営』（アブラハム・H・マズロー・著、金井壽宏・監訳、大川修二・訳、日本経済新聞出版社）

偉大なる心理学者で「自己実現」概念の提唱者マズローによる知る人ぞ知る名書で、ドラッカーをはじめ推薦する人が多い1冊。基本はタイトル通りリーダーシップ向けの内容だが、リーダー向きの人間を心理学的アプローチで説明しているため、自分がリーダー向きかマネジャー向きかも結果的にわかる。自己実現できる人間は実際には限られているという、なかなか厳しい事実も読み取れる。

◆『ビジョナリーカンパニー② 飛躍の法則』（ジェームズ・C・コリンズ・著、山岡洋一・訳、日経BP社）

同シリーズのなかでもリーダーシップを学ぶには「2」がおすすめ。飛躍した企業の研究から見えてきた「第5水準のリーダーシップ」という概念が極めて重要。興味深いのは、アメリカ的なリーダーよりも前近代の日本人的なリーダーのほうが結果を出していること。

6　商品開発

「いいもの」は時代とともに変わる！

消費者にとっての「いいもの」は時代とともに変化していく。

読者としては、いま成功しているヒット商品の秘密を知りたくて関連書籍を読むのだが、「いいものは変化していく」ということを知っているかどうかで見えてくるものが変わる。その商品がなぜヒットしたのかを学んでも、すぐに時代が変わって陳腐化してしまうモデルケースもあるし、一方で不変の真理もある。

すでに意義を失ってしまった成功モデルに短絡的に線を引いてしまうくらいなら、本から何も受け取れなかったほうが幸いかもしれない。

このテーマは「俺のイタリアン」などで知られる「俺の株式会社」がいい例で、第6章で詳しく述べたい。

成功している企業は、自社が開発した魅力的な商品を持っている。日清食品のカップヌードル、伊勢名物の赤福など、その商品を開発できたからこそ生き残っているわけで、できなければ企業として存続していないかもしれない。そしてそれらは、時代が変わっても、多くの消費者から愛され続けている。

時代によって変わる「いいもの」と、どんな時代にも愛される「いいもの」がある。あなたの会社の製品はどちらだろうか？　その見極めがきちっとできていないと、近い将来、窮地に立たされることになる。ここでは2冊の名著をご紹介する。

［ 商品開発を知るためのおすすめ書籍 ］

◆『発想する会社！』（トム・ケリー、ジョナサン・リットマン・著、鈴木主税、秀岡尚子・訳、早川書房）

著者ケリーは、著名なデザインコンサルティング企業ＩＤＥＯのゼネラルマネジャー。商品開発における観察の必要性、重要性を説く。観察の結果ショッピングカートのデザインをどう変えたのかという事例が非常に興味深い。商品開発の大切さに気づける1冊。

◆『クール　脳はなぜ「かっこいい」を買ってしまうのか』（スティーヴン・クウォーツ、アネット・アスプ・著、渡会圭子・訳、日本経済新聞出版社）

再掲。本来この本は商品開発を述べている。何がクール（かっこいい）かは時代とともに変わっていくことを説く。開発における「情報コスト」が高いことこそ価値だ、という趣旨の1文には鳥肌すらたった。ストーリー性がなぜ売れ行きにつながっていくのかがわかる名著。

7 統計

データの読み方がわかれば未来を予測できる！

「統計」は、統計学を学んでこなかった人には、なかなか頭が痛くなりそうな分野かもしれない。

統計を知ることの最大の利点は、「未来を予測できる」ようになることだ。アマゾンのジェフ・ベゾスが、なぜヘッジファンドのヴァイスプレジデントという高給の職をなげうってまで独立し、いまのビジネスに注力したのか。

それはインターネットの成長にまつわるデータを見て、「今後のEコマースの成長」を予測したからだ。データを分析し、そこに未来を見出したことで、自分の人生だけでなく、世界のあり方も変えてしまったのである。

ある現象が一時的なものなのか、今後も続いていくのか。

目の前の話にデータの裏付けがあるのか、ないのか。

こうした判別をつけるためのツールが統計の知識だ。政治も、経済も、自然現象も、そしてスポーツでさえ、すべてデータのなかに意味のある関係を見つけることから分析が始まる。どれだけノウハウやツールが増え、ビッグデータがそろっても、そこから真実を見出せなければ、結局のところ結果は伴わないのだ。

では、重い腰を上げ、頭が痛いのを耐えて統計学を学ばなければならないのかというと、そこまでのレベルを要求するものではない。

専門家になるわけではないのだから、高校レベル、せいぜい大学の統計学の基礎くらいまでをおさえておけば十分だろう。重要なのは、使いこなす際の元になる統計的なセンス、感覚のようなものだからだ。

［統計を知るためのおすすめ書籍］

◆『はじめての統計学』（鳥居泰彦・著、日本経済新聞出版社）

大学での統計学入門者に最適な本として引き合いに出される有名な教科書だが、ビジネスパーソンの学び直しにはこれ1冊で十分読み応えがある。

1994年初版で、出てくるトピックがバブル崩壊など古いものも散見されるが、本質的には変わっていない。2400円はかなりのお買い得。私なら中身を見て、仮に倍の価格でも買うだろう。

◆『シグナル&ノイズ』(ネイト・シルバー・著、川添節子・訳、日経BP社)

最近の統計関連書のなかでは秀逸の1冊がこれ。膨大な情報から出てきた結果のうち、何が予測にいかせる「シグナル」で、何がむしろ予測を惑わせる「ノイズ」なのかを示している。

著者は、アメリカ大統領選挙で50州中49州を、上院議員選挙ではパーフェクトな予測を、それぞれ達成。

「すぐれた野球予測システムは、次の三つの基本的な要件を満たしていなければならない。1、選手のデータの背景を説明する。2、運と実力を区別する。3、選手の実力が年齢とともにどう変化するか(エイジング・カーブを理解する)」と書かれていて、ワクワクした。「収入の高い人はテレビを見る」という結果に対して、年齢の高い人がテレビを見ているのであって、収入との相関は擬似理論、という結論を出していることにも納得できる。

統計を武器に予測のセンスを上げていくための参考書。

8 経済

「完全市場」の概念を知れば儲けのヒントになる！

最後は、経済、経済学である。

経済学を知っておくことはたしかに良さそうだというのは共通認識としてあると思うが、経済学は広すぎ、学ぶにはそれなりに時間がかかってしまう分野でもある。現役で活躍しているビジネスパーソンのなかには、経済学などしょせん机上の空論、座学だとして軽視する人もいる。しかし、そうではない。

「需要と供給」という基本概念を学べるからだ。また、「完全市場」の概念が理解できると、儲かるビジネスモデル、そうではないビジネスモデルを判別できるようになる。

まず「需要と供給」。これを理解していないと、経営の重要なポイントである適正な値付けができない。名経営者の稲盛和夫氏は「値決めは経営」と言っている。

需要が多く供給が少なければ価格は上がり、需要が少なく供給が多ければ価格が下がる。問題は、前者の状態にあるのに適切なプライスをつけられないことだ。安価にしすぎて、利幅をロスしてしまう。

たとえば出版業界は、この罠にはまりやすい。本書では繰り返し「ビジネス書は安い」と主張しているが、それは心構え的な意味だけではなく、実際に起きている現象でもある。ある能力を持つ人が読めば、その本のノウハウを実践するだけで1000万円の利益をあげられることがわかったとする。その人にとって、その本の価格は5000円だろうが、5万円だろうが高くはない。100万円の利益をあげられるのだから。

ところが出版社はそのような値付けをしない。高く売れるのに、安価にしてしまうのだ。印税や造本のコストから逆算し、1300円とか1500円で売ってしまう。これは極めてもったいない。こうしたことは「需要と供給」を理解していれば起こらないはずだ。

出版社にかぎらず、メーカーの意識が向きがちなのは得てして「コスト削減」である。ただ、5%のコストを削減することよりも、5%値上げするほうがあきらかに利益に結びつく。問題は、どうやってその状態を作るかだ。

経済学から学んでおきたいもうひとつの重要な概念は「完全市場」だ。「完全市場」とは、すべての売り手と買い手が同じ条件で存在しているために、需要と供給の不均衡は瞬時に解消され、どの需要者も、どの供給者も自分で価格を決定できない状態のことを言う。すべて手の内がバレているので、誰にも価格が決められない。「完全市場」が成立すると、商品価格は一物一価となり、利益は限りなくゼロに近づいてしまうのだ。

ということは、自社のビジネスはできるかぎり「完全市場」から遠ざかり、「完全市場」の逆になるようにすることが利益をあげるコツであるとわかる。同じ商品にせず、情報を与えず、製造技術を独占することがポイントで、価格で勝負してはいけないのだ。

経済学の知識からは、こんなことを学び取れる。

経済を知るためのおすすめ書籍

◆『経済ってそういうことだったのか会議』（佐藤雅彦、竹中平蔵・著、日本経済新聞出版社、のち日経ビジネス人文庫）

膨大な経済学をどこから学べばいいのかうんざりしてしまう人には、まずこの本をすすめたい。気鋭の広告クリエイターとして活躍している佐藤氏がぶつける素朴だが鋭い疑問に、竹中氏が平易に答える。対談形式なのでとても読みやすい。

◆『大学4年間の経済学が10時間でざっと学べる』(井堀利宏・著、KADOKAWA)

2冊目、そしてそこまで苦手意識のない人の1冊目として、2016年の話題の1冊となった本書がおすすめだ。書名の通り、大学で学ぶ経済学のエッセンスをあまり時間をかけずに復習できる良書。

◆『マンキュー経済学I　ミクロ編』(N・グレゴリー・マンキュー・著、足立英之ほか・訳、東洋経済新報社)

本格的な書物をひも解きたいなら、スティグリッツも捨て難いが、マンキューがわかりやすいし、評価も高い。マクロ経済学、ミクロ経済学いずれも大切だが、ビジネスに特化するならまずミクロから取り組めばいいだろう。

ある時期は１分野にフォーカスしてもOK

以上、８つの部分練習について、駆け足ではあるが概観的にまとめてみた。どんな部分練習が必要なのか、イメージしていただけたのではないだろうか。

８分野を順に取り組んでいくこともいいのだが、いままさに関心のあること、学ばなければならないことがあるのなら、一時期はその分野に集中しても構わない。マーケティングを知りたいときに、あえて会計や統計といった他分野の本を読む必要はないだろう。

繰り返しになるが、ここにあげたおすすめ書籍も、全ページを通読する必要はない。もっとも心を奪われた「20ページ」を「10回読む」方法もある。読めば読むほど、理解が深まるだろう。

ひとつの分野を集中的に読んだら、今度は読書を「横展開」していくといい。

たとえば、マーケティングについて一定の認識を得ることができたら、人の心を動かすさまざまな要素に気持ちが向いてくるはずだ。

そこで、広告の父、デイヴィッド・オグルヴィの『ある広告人の告白』（山内あゆ子・訳、海と月社）や、『伝え方が９割』（佐々木圭一・著、ダイヤモンド社）を読んでみる。

すると、マーケティングに関して勉強する前に比べて、格段に深く吸収できるはずだ。そして関心はさらに外側へと広がっていく。これこそ「横展開」していく醍醐味である。

展開しきったら、もう一度繰り返し読んだ名著に戻ってみるといい。

あれほど読み込んで、もう学ぶものはないと思ったはずなのに、当時自分が線を引いたところとはちがう部分に線を引けることがある。

前回の読後感とのちがいも感じるだろう。

なぜなら、前回読んだときよりも、いまの自分のほうが成長しているからだ。部分練習を繰り返したことで、パワーアップをしたのだ。

いい本は、何回読んでもいい本である。何度も読んで、新しい箇所に線を引いてみてほしい。

第4章

「結果」を見るな。「原因」を見よ

「原因」に線を引け！

本のなかに、「〇〇社は20期連続増収増益をしている」という記述があったとする。大したものだ、と感心しながらその1文にすっと線を引く。たしかに20期連続の増収増益とは、なかなかできることではない。

しかし、である。ここに線を引いても、あなたにとって何らプラスになることはない。これはあくまで「結果」だ。大切なことは、その会社はなぜそのように成長し続けることができるのか、という「原因」の部分である。

優れたヒット商品を持っているから？　では、なぜそのような商品を生み出すことができるのだろうか？　どのような人材教育をしているのだろう？　他社には真似できない部分はどこなのだろう？

なぜ？　どうやって？

こうして成功をつくりだした「原因」を探しながら読み進めていくと、たいてい1箇所や2箇所はその核心部分が書いてある。それを見つけたときに、線を引くのだ。そして、それを自分ならどうやって応用できるのか考えをめぐらせるといい。

「営業の人数を増やしたから、売上が上がった」と書かれていたからといって、自分の会社も同じようにすればいいかというと、そういう話ではない。営業の人数を増やしたことそのものは「結果」だ。では、なぜその会社は営業を増やしたのか？　本当に増やしたことで売上が上がったのか？　別の要因があるのではないか？　そもそも利益はどうなったのか？　などを突き止める必要がある。それをせずに、「結果」である営業増員という部分を真似してしまうと、固定費の増大によって首が絞まることになる。

本書の執筆中に、イチロー選手がメジャーリーグでの３０００本安打を記録した。素晴らしいことだが、一流のビジネスパーソンであれば、その「結果」だけを見てただ賞賛しているだけでは学びがない。イチロー選手は、なぜ記録を更新し続けることができるのか？　どのように心身のコンディションを高いレベルにキープしているのか？　チームを移籍しても結果を出し続けることができるその順応性はどこからくるのか？　など「原因」に思いをめぐらせ、少しでも自分に取り込まなければならない。

「原因」を見抜く作業をしたからといって、それが正解である保証はないし、望んだ「結果」を得られるとは限らない。それでも、つねに「原因」を考え、仮説を立てるくせをつけておけば、やがて自分のビジネスにおいても、「結果」を導くための「原因」を発想できるようになる。あとはそれをトライしてみるだけ。このプロセスを繰り返し行っていけば、望む「結果」を手にすることができるだろう。

ここであなたは、こう思ったかもしれない。

「原因なんて、そんなに簡単に見つけられるものではない……」

そう。原因を見つける作業は簡単ではないかもしれない。しかし、ひとつのキーワードを覚えておけば、見つけるセンスを磨くことができる。「センターピン」という言葉だ。

原因とは「ボウリングのセンターピン」である

大学生のころ、グッドウィル・グループの創業者、折口雅博氏の著書『起業の条件』（経済界）を読んで、「センターピン理論」という記述に触れた。これこそが「原因」と「結果」を考えるきっかけになったと記憶している。

センターピンとは、ボウリングの10本のピンのうち、真ん中かつもっとも手前にある1番ピンのことだ。ストライクをとるためには、このセンターピンに当てなければならない。

どんなに速いボールを投げようと、どんなに鋭くカーブさせようと、センターピンを外してしまったらストライクは出ない。

ビジネスも同じだ。「原因」とは、つまり「センターピン」のことだ。絶対外してはいけないセンターピンが何かを知らないと、成功はないのだ。

「業態」によってセンターピンはちがう

センターピンは、業態によって大きく異なる。

〈それぞれのセンターピンは?〉

・メーカー:ヒット商品
・卸売業:強い取引先の数
・小売業:品揃え

これはあくまで私の見方であり、複数の要素にまたがる企業も存在するので単純に当てはまらないのは重々承知している。考えるきっかけ、題材として見てほしい。
「メーカー」「卸売業」「小売業」それぞれのセンターピンを考える際は、じつは、いまあなたが手にしている本をめぐるビジネスがどのようになっているかを考えるとわかりやすい。まずトレーニングとして、出版業界のセンターピンを見てみよう。

出版社は、本の「メーカー」である。

もっとも自動車メーカーや電機メーカーとはちがい、自社で生産設備は保有しておらず、印刷会社や製本会社、倉庫会社に外注しているためメーカー然とはしていないが、じつは2002年まで日本の産業分類においても第2次産業に分類されていたという、立派な「製造業」である（現在は第3次産業・情報通信業）。

出版社が「生産」した本は、卸売業者である取次に納品され、そこから小売業者である書店に、さらに最終消費者である読者に届くことになる。

メーカーである出版社のセンターピンは「ヒット商品」だ。ベストセラーが生み出されると、出版社は「重版」や「増刷」と呼ばれる生産増加を行う。初期コスト（本に載せる情報の製作に要した費用、デザイン費など）は初版分で回収しているケースがほとんどなので、売れれば売れるほど利益率は上がっていく。つまり、出版社はベストセラーになるほど利益が出る仕組みなので、ヒット商品を増やすことをつねに考えている。

次に、「卸売業」である取次を見ていこう。

トーハン、日販（日本出版販売）といった企業の名前をご存知だろうか。書店の店頭を注意深く観察していると、こうした企業の名前が入った段ボール箱などを目にする機会があるが、よほどの本好きであっても、案外意識をすることはないかもしれない。

じつは全国のほぼすべての書店はどこかの取次と取り引きをしていて、物理的にも取次の倉庫や物流を通じて納品されている。いま目の前にあるこの本も、どこかの取次を経由してあなたのもとに届いている。

取次にとってもベストセラーが出ることは望ましいが、彼らにとってのセンターピンはそこではない。いかに自社と取り引きしている書店が「売る力」を持っているか、逆の言い方をすれば、いかに「売れる書店を抱えているか」がセンターピンとなる。

本来卸売業は、メーカー側に対しても同じことが言える。よく売れる製品を作るメーカーと独占的な契約を交わしていれば、メーカーの大量生産の結果はそのまま卸売業の成果に結びつく。ただし出版の場合、出版社は基本的にすべての取次と取引関係を有しているため、メーカー側に対する独占はできない。

最後に、「小売業」である書店のセンターピンは、「品揃え」である。

これは、あなた自身がなぜそこで本を購入したのかを考えれば納得がいくはずだ。自宅や会社の近所にある書店は、近くにあり、かつその地域ではそこそこの品揃えだから立ち寄ったのではないだろうか。マイナーな本を探す際は、多少面倒でも大型書店に出向く。

あるいは、前に述べたさわや書店のように、独自の品揃えを工夫している書店に魅力を感じているかもしれないし、そもそもリアル書店に行く頻度がめっきり減って、品揃えの豊富なアマゾンで注文するケースも多いかもしれない。

いずれにしても、大切なことは「品揃え」になる。これによって、最終消費者である読者はどこで本を買うかを決めているのだ。

「本」というひとつの商品を通しても、メーカー、卸売業、小売業と、立場がちがえばセンタ一ピンもちがうのだ。同じ業界にいるのに、それぞれの思惑がちがったり、利害が対立したりすることがあるのは、このためだ。

そしてこの原則は、多くの業態で当てはまる。

あなたの業態は何か？

そしてそのセンターピンは何だろうか？

ユニ・チャームは国境を越えていく

センターピンに関する考えを深めるヒントとして、「メーカー」と「小売業」の事例を見てみることにする。

まず注目するのは日本を代表する消費財メーカーで、国内の低成長をものともせずに右肩上がりの成長を続ける「ユニ・チャーム」だ。

同社の中興の祖、高原豪久氏の『ユニ・チャーム式　自分を成長させる技術』（ダイヤモンド社）をひも解いてみる。ユニ・チャームを「海外展開を成功させた消費財メーカー」と定義してこの本を読んでみると、同社のセンターピンは「マネジメント」であることがわかる。

もちろん巨大メーカーである以上、「ヒット商品」がセンターピンになるのだが、ユニ・チャームのケースを読み解く際に大切なのは、

「消費財には、国境がない」

ということだ。日本人であろうと他のアジア人であろうと、白人でも黒人でも、赤ちゃんは等しくおしっこを漏らす。お年寄りもまた同じだ。

ということは、よい製品を作っている消費財メーカーは、世界中で勝負ができることになる。消費財の使用に言語の障壁は低く、文化や風習のちがいによるカスタマイズの余地も大きくはないからだ。

そこで国境を越えて展開していく際に大切になるのは、各地域で意思がバラバラにならないための、「国境を越えたマネジメント」ということになる。P&Gやキンバリー・クラークも同様である。これに成功した消費財メーカーは、自国市場などお構いなしの成長と、右肩上がりの株価上昇を見せることになる。

高原氏が社長に就任してからの15年間で、ユニ・チャームの売上高は約3倍に伸びた。同期間の日本経済の状況を考えれば、どれだけの偉業かがわかるはずだ。

したがって、ビジネス書の読み手としては、高原氏がグローバルで意図を徹底するためにどのようなマネジメントを行ってきたか、とりわけどうすればグローバルで通用する人材を短期で育成できるのかを参考にしたい。これこそがユニ・チャーム成功の「原因」のひとつだ。

本には、そのための実際のノウハウが紹介されている。ユニ・チャームはマネジメントの最小単位を「週」単位にしていて、その最大の効用は年52回PDCAサイクルを回せることであるとか、タイではコメは三毛作ができるため1年で日本の3倍の収穫と経験が積める、などという慧眼に目を見張ることになるだろう。

ユニ・チャームのセンターピンは「マネジメント」。書名にある「自分を成長させる技術」という言葉に惑わされて、よくある自己啓発書だと思って読んでしまうと、この事実を見逃すことになる。

成城石井はCランクがお好き!?

続いて「小売業」の事例も見てみる。ここで紹介するのは「成城石井」だ。成城石井のセンターピンは、小売業である以上「品揃え」だ。それを踏まえたうえで『成城石井の創業』（日本経済新聞出版社）を読み進めていったとき、私は核心をついた次の部分に線を引いた。

「私が行ったのは、ＡＢＣ分析でいうならば、Ａランク商品を重視せず、ＢＣランクの商品を売ろうということです。つまり、ＡＢＣを並列に置いたのです。希少価値はあるけれど、たくさんは売れない商品Ｃをしっかり売ることによって、それを買いに来たお客さんが、他のものを手に取って買ってくれるわけです」

Ａランクの商品とは「売れ筋」のこと。
Ｂランクは「ほどほどに売れる」商品。
Ｃランクは「他では買えない」商品。

Ａランクの商品は、当然多くの小売業者で扱いがある。扱うことでの差別化はできないが、売上を考えれば外すこともできない。

Cランクの商品は、「わざわざ成城石井に行かなければ買えない」商品である。そこでしか手に入らないのだから、欲しくなればつい足が向いてしまう。すると、さらに知らなかった別のCランク商品と出会う。こうして、成城石井での買い物が楽しくなり、他の店よりも若干高い値付けがされているAランク商品も一緒に買ってしまうのだ。

Cランクの商品は成城石井で売れたことによって話題になり、ライバル店が追随して仕入れ、Bランクになっていく。したがって、つねに自分たちの店にしかない新たなCランク商品を探すことが、成城石井の経営にとって大切になるわけだ。「品揃え」というセンターピンをイメージして読み進めていくと、このようなことが見えてくる。

石井良明氏は当初、どんなに信頼している業者から仕入れた商品でも、すべて味見していたという。恐るべき品揃えへのこだわり。それが日本の高級住宅街で勝ち抜いてきた成城石井をブランド化した原因の一端だ。

「半製品を売った」というのも興味深い。ここでいう半製品とは、「総菜」になる一歩手前の食材のことだ。高所得者を相手にしてきた成城石井は、早くから総菜の需要を認識していた。いまなら電子レンジで温めることに多くの人が抵抗を感じないが、当時は、たとえ時間がなくても「調理する」というひと手間をかけないと「出来合いのもので済ませた」という罪悪感を持ってしまう主婦が多かった。そこで、揚げる、焼く、などの最後のひと手間をあえて残した総菜を売ることによって、「利便性と罪悪感」の間で揺れる主婦の気持ちに、見事にこたえたのだ。これも成城石井ならではの品揃えの感覚である。

先ほどのユニ・チャームの本と同じく、『成城石井の創業』というタイトルに惑わされて創業者の感動秘話だと思って本書を読んでしまうと、肝心なところに線が引けなくなってしまう。小売業のセンターピンは「品揃え」だ。素晴らしい品揃えをするために、著者は何を考え、どのような手法を使ったのか――。読み解くべきは、「原因」なのだ。

KADOKAWAがはまる「ABCの罠」

『成城石井の創業』を読んでもっとも印象深かった「ABC分析」。Cランクの商品の重要性や価値がわかったところで、ふと思い浮かんだ企業がある。KADOKAWAだ。

ABC分析を使うと、短期的にもっとも効率がいいのは「Aランク商品をたくさん売る」ことだ。一方で、売上の少ないCランク商品は取り扱いを減らしてしまう。しかし、ここに罠が隠されている。いま、出版業界で罠に落ちているのがKADOKAWAだ。

株式会社KADOKAWAは、角川書店が、角川グループを構成していた他の出版社すべてを2013年に吸収合併してできた大手出版社だ。親会社は旧ドワンゴと合併した「カドカワ株式会社」（旧KADOKAWA・DWANGO）である。

吸収された出版社は、アスキー・メディアワークス、エンターブレイン、メディアファクトリー、角川マガジンズ、角川学芸出版、富士見書房。そして、ここで取り上げたい、中経出版などがある。

これらの企業は、現在KADOKAWAにおけるブランドになっている。

中経出版は1999年の『経済のニュースが面白いほどわかる本』（細野真宏・著）で経済関連書として史上初のミリオンセラーを送り出したほか、数々の有益なビジネス書を送り出してきた老舗版元だ。

だが、ビジネス書はヒットが予測しにくいジャンルである。巨大企業、KADOKAWAにとっては、結果が読みやすいコミックや実績のある著者の小説などと比べて手が回りにくいジャンル。つまり、Cランクの商品群だ。

多くの出版社を吸収し、営業部門を統合、スリム化して短期的な効率や利益を追求し始めると、Cランクの商品は切り捨てられていく。良質なビジネス書を待っているひとりの読者として非常に残念な状況だ。

『あらすじで読む日本の名著』シリーズによる一連のあらすじブームは、中経出版が仕掛けの震源地だ。第3章で紹介し、2016年のビジネス書のベストセラーになっている『大学4年間の経済学が10時間でざっと学べる』（井堀利宏・著）も中経出版の手によるものである。

だが、書名や著者名によって、最初からこれらが売れると気づいていた人は多くないだろう。Cランクの商品が、ときには大きなパワーを持ったり、新しい顧客を運んできてくれたりすることがある。この点にKADOKAWAが気づけば、中期的に、利益を改善していけるのではないだろうか。期待しながら見守っていきたい。

金融業界は「お金持ち」が大好き

ここまで「業態」について話をしてきたが、今度は「業種」別に考えてみる。次の業種のセンターピンは何かわかるだろうか？

・金融業＝（　　　　）
・飲食店＝（　　　　）
・テーマパーク＝（　　　　）

金融業におけるセンターピンは、「お金持ちを抱え込むこと」に尽きる。

金融業界で働く人たちとの交流から強く感じるのは、結局のところ「お金持ちを相手にすることがもっとも効率がよい」という事実だ。

その証拠に、金融業界における報酬は、金額がベースになっている。どれだけ誠心誠意、100万円の顧客を100人相手にして1億円を取り扱ったとしても、1000万円の顧客を11人捕まえたほうが評価される。さらに言えば、たったひとりを相手にして10億円を扱ったほうがはるかに高い報酬を得られる。

「金額こそすべて」

この身も蓋もないセンターピンを意識すると、金融業界の独特の文化や仕組みが見えてくるだろう。

飲食店のセンターピンは、素直に書けば「味」である。

美味しい店であれば、遠くても、汚くても、店主の態度が悪くても客は集まる。いまはSNSやグルメレビュー全盛の時代。味の良し悪しは瞬く間に口コミとして広がっていく。いくら素敵な売り文句をつくって広告をしても、消費者たちは知人やレビューの意見のほうを信用する。味がよければいい口コミが広がり、悪ければネット上に厳しい意見が並ぶことになる。

センターピンは「味」そのものなのだ。ここはごまかしようがない。

ただし、食べ物である以上、食中毒の防止などの「衛生面」も、センターピンの一部である。衛生的なトラブルを起こしてしまうと、行政指導が入り、結果的に閉店に追い込まれることもあるから、店側はここにコストを使うべきだろう。

「味」に尽きる。

この事実に気づけると、飲食店の経営における最重要要素は、味を構成する素材そのものであることに気づく。すると、人気店の「素材の入手法」という「原因」に目が行くようになる。

眼をきかせる、市場に贔屓（ひいき）にしてもらう、よい業者をつかまえる、などが思い浮かぶが、そこをすべて独自のやり方で乗り越えたのが「俺の株式会社」の仕組みのすごいところだ。これは第6章で述べたい。

では、特殊な業態であるテーマパークのセンターピンとは何か？　それをひも解くために、USJの例を見ていくことにしよう。

USJのセンターピンとは何か？

ユニバーサル・スタジオ・ジャパン（USJ）を運営する企業のチーフ・マーケティング・オフィサーで、業績を一変させた立て役者である森岡毅氏の著書、『USJを劇的に変えた、たった1つの考え方』（KADOKAWA）は、濃厚な著作となっている『確率思考の戦略論』（同）の入門編的なもので、より平易に表現された作品である。

私が線を引いたのは、

「トップライン（売上金額）を大きく伸ばすこと」

という部分だ。ここから何がわかるのか。テーマパークのセンターピンは、ずばり「集客」だということだ。この1文はUSJにとっても集客こそが命であることを強く物語っている。

テーマパークは「固定費ビジネス」である。

テーマパークは「設備」であり、アトラクションは「機械」だ。これらには、導入時はもちろん、維持していくためにも一定のコストがかかり続ける。安全を保つことは何にも増して優先されなければならない。

また、テーマパークは広大な土地を必要とする。それゆえに多大な固定資産税を負担することになる。

もちろん人件費もかかる。

このようにコストの大部分が「固定費」で構成されている以上、「売上」を伸ばさない限り企業の成長はない。

これが店舗であれば、新規店を出店させればいいし、メーカーであれば生産量を増やせばいい。

しかし、広大なひとつの土地で運営を行うテーマパークはそうはいかない。売上を伸ばすためには、「集客数を増やす」しかないのだ。

森岡氏は徹底的なデータ分析を行い、集客を増やしていった。『USJを劇的に変えた、たった1つの考え方』にはその様子がしっかりと書かれている。彼はどのような手法によって集客を増やしたのか。読み進めながら、ぜひその箇所に線を引いてみてほしい。

第5章

「同じ」をつくるな。「ちがい」をつくれ

どうすればお金のある大人たちに買ってもらえるのか？

いまや本好きなら知らない人はいない東京・代官山の代官山蔦屋書店。書店を中心とした商業施設で、２０１１年のオープン以来客足のたえないＴＳＵＴＡＹＡグループの旗艦店だ。

代官山は最先端のファッションを扱うショッピング街であり、高所得者たちが住む高級住宅街でもある。ここに店を構える代官山蔦屋書店は、お金と時間に余裕のある知的な大人向けの、他とはちがう高級な店づくりをしている。

同店には、大型書店ならどこも置いている「漫画」が一切ない。漫画は低単価で、低年齢層がおもなターゲットであるために、店のコンセプトや戦略に合わないのであろう。

営業時間が深夜2時まであることにも注目できる。この時間には当然電車はない。ということは、車での来店を強く意識しているということだ。車で来店した客が、本以外にもいろいろと気持ちよく買い物をする。大量に購入しても、帰りは車に積めばいいのだから、荷物を持つストレスはない。そんな好循環を狙った店舗づくりを行っている。

ただし、このようなことは多くの評論家たちがオープン当初に語っている。私がいまさら伝えるまでもない。ここでお伝えしたいことは、ただひとつ。

「勝者は、ちがいをつくりだす」

ということだ。前述の通り、代官山蔦屋書店は「お金と時間に余裕のある大人向け」のおしゃれな店づくりをしている。お金のある大人たちが車で来店し、たくさんの商品を買って、車に積んで帰っていくことを狙っている。ということは、そんな大人たちがどうすれば「来店したくなるか」を考え抜いたはずだ。

私は、そのひとつの答えが「駐車場」にあると確信している。

代官山蔦屋書店が「駐車場」の幅を広くした理由

代官山蔦屋書店の駐車場には、高級車が集まるような仕掛けがいくつもある。

たとえば、駐車場の入り口に「チケットの発券機」があるが、これが見事に最小限しか「出っ張っていない」のだ。高級車は横幅が広い。そのため、車のオーナーにとって発券機の出っ張りはかなりやっかいだ。駐車場や高速道路の入り口で、ぶつけたり擦ったりしないか、とても気になってしまう。だから、発券機の出っ張りが少ないと安心するわけだ。

こうして無事チケットを手にして駐車スペースに入ると、120台を停められる広々とした空間が広がる。地下に入るのでも、立体スペースに入れるのでもない、全車「平置き」の空間だ。しかも、一台一台のスペースがゆったりと広い。これならフェラーリのように大きくて、車高の低い車であっても、安心して停めることができる。

以前、フェラーリのオーナーがこう嘆いていた。「安心して停められる場所がなくて、車に乗っても、結局どこに寄ることもなく帰ってきちゃうんだ……」。彼のような人が安心して駐車できるのが代官山蔦屋書店の駐車場なのだ。

お金に余裕のある大人たちに来てほしい。

そのために駐車場に「ちがい」を出した。

この「ちがい」をつくりだすことこそが、熾烈な競争に勝ち残る条件のひとつだ。

本章では、読書を通して「ちがい」をつくりだした賢人たちに学び、それを自分の糧にしていくヒントを伝えていくことにする。

「ちがい」は「組み合わせ」でつくられる

読書とは他者との「ちがい」をつくりだす作業だ。自分の専門分野の知識を深めるだけではなく、一見、関連性のない分野も学び、このふたつを組み合わせる。エドワード・デボノが一連の著作で提唱した「水平思考」に似ている。これができると他者との「ちがい」をつくれるようになり、競争優位性を発揮できる。

第3章で8分野の「部分練習」を推奨したのも、じつはこうしたことに重きを置いているからだ。代官山蔦屋書店は、書店という業態に、「富裕層マーケティング」を組み合わせることによって、他の書店には真似できない決定的な「ちがい」をつくりだした。

ここでひとつクイズを出してみよう。

あなたが営業職だとする。この場合、営業に必要とされるコミュニケーションや雑談の能力を鍛える本を読むことはたしかに効果的だろう。しかし、それでは他の営業マンとの「ちがい」はつくりだせない。では、ほかに何を学べばいいだろうか？　次のページを開く前に、少し考えてみてほしい。

最強の営業マンは「節税」を語る

営業担当者は、なぜ営業の本ばかり読んでいるのだろうか。それで営業の成績が上がるのだろうか。もちろん、何も学んでいないライバルよりはいくらか優位に立てるかもしれないが、それも短期的なものに過ぎないはずだ。

営業担当者は、営業以外の本を読むといい。

マーケティング、心理学、インセンティブの仕組みを知るための経済学。

あげればきりがないが、こうした分野の知識があれば、「買ってください」と頭を下げたり、値引きしたりしなくても、買ってもらえるだろう。

たとえば保険のセールスマンであれば、学んでおいたほうがいい分野がある。会社経営のための「会計」「税制」についてだ。

法人の場合、保険は将来不安を消すために入るだけのものではない。「節税」が大きな目的だ。税のことを知っているセールスマンなら、法人相手に節税の提案ができるのだ。

前章で説明した「金融業界のセンターピン」を思い出してみてほしい。お金持ちを抱え込み、扱い高を増やすことに尽きる、と説明したはずだ。

個人相手も、法人相手も、相手にするのはひとりだ。大企業であっても、保険の窓口はひとりなのだ。であれば、このひとりと交渉して、その会社の1万人の社員分の保険契約をまとめたほうがいいに決まっている。

そのときに武器になるのが「節税」の知識なのだ。相手に対して、この保険に入ることで年間いくらの節税効果があるかを説明できれば、ほかの営業マンとの「ちがい」をつくりだせる。保険の営業マンがいますぐ読むべきは「法人税」の本なのだ。

ポルシェはとっておきの節税アイテム⁉

同じことは、車のセールスマンにも言える。

多くの車のセールス担当者も、残念ながら税制を勉強していない。法人や個人事業主にとって、車は減価償却をしなければならない資産である。セールス担当者がそれを知らなければ、少なくとも私なら残念に思う。

たとえば「ポルシェの中古車」は、その仕組みを知る経営者にとっては、最高の節税アイテムだ。

ポルシェはリセールバリュー（中古としての価値）がおそらくもっとも高い。一般に中古車は年式が古くなり走行距離が伸びればリセールバリューは減っていくが、ポルシェは人気が高くほとんど下がらない。

人気モデルの場合、ビンテージとなって値段が一段と上昇し、買った当時よりもかえって高く売れる「逆ざや」の状況さえ生じる。

一方ユーザー側は、特に4年落ちの場合、税制上買った年度にほぼ100％償却できるため、まず大きな節税効果が見込める。ポルシェの運転を味わい、売るときに買った価格と同額であれば、節税分を得したうえでポルシェに乗ったという体験までついてくることになる。場合によっては利益が出ることもある。

こうした仕組みを知り、「節税」という観点から経営者に中古のポルシェをすすめることができれば、圧倒的な成績を収めることができるだろう。「セールス」という知識に、「税制」という知識を組み合わせることで、ライバルとの決定的な「ちがい」をつくりだせるわけだ。

そのビジネスの「上流」は何か？

どうすればビジネスで「ちがい」をつくれるのか、真正面から挑む方法についても触れておきたい。私はことあるごとに次の真理を思い出す。

水は上から下へ流れる。

上流から下流に至る流れをおさえ、学んでおけば、どこにどんな変化をもたらすべきか、どこを飛ばし、どこを短絡化し、どこにバイパスを作るべきかが見えてくるものだ。

たとえば、スポーツビジネスにおいての上流は「スター選手」だ。サッカーでも、野球でも、バスケットボールでも、ファンはお気に入りの選手がいるからこそ、その試合を観るものだ。

クラブの経営方針に関心を持つのは、ごく一部のビジネスパーソンだけだし、選手のコンディションを保つトレーナーに関心があるのは、同じ仕事をするトレーナーたちだけだろう。

多くの人たちは、選手に関心がある。だから、スポーツビジネスの上流は「選手」、とりわけ「スター選手」なのだ。ということは、スター選手が動けばファンも動くということだ。もしスポーツビジネスを大きく動かしたいと思うなら、まず攻め落とすべきは選手なのである。

ジャーナリストのバーバラ・スミットが書いた『アディダスVSプーマ　もうひとつの代理戦争』（宮本俊夫・訳、ランダムハウス講談社）には、アディダスとプーマという確執のある兄弟企業が、互いに有名選手を口説き、彼らのスポンサーになるためにどのような買収工作をしたかが綴られている。

ロッカーを開けたら札束が入っていた、などというエピソードは思わず目を疑うが、そんな経緯で選手たちはブランドの広告塔となり、ビジネスは成長していく。その善し悪しはともかく、両者がスポーツビジネスの上流にいるのはスター選手だと熟知していることが読み取れる。

同じスポーツビジネスでも、打って変わって爽やかなエピソードもある。『「ポッキー」はなぜフランス人に愛されるのか？』（三田村蕗子・著、日本実業出版社）には、アメリカメジャーリーグで、森永製菓のソフトキャンディー「ハイチュウ」がなぜ人気になったのかが書かれている。

きっかけになったのは、ボストン・レッドソックスの田澤純一投手。マイナーリーグにいた当時、間食として何気なく「ハイチュウ」を持ち込んだところ他の選手にも大人気になり、ことあるごとにまとめ買いしていたものの、ついに対応しきれなくなって森永製菓の現地法人に頼み込んだという。

森永製菓はこれをチャンスととらえて大量のサンプルを提供。スポンサーシップの締結にまでこぎつける。「ハイチュウ」の評判はやがて他球団の選手たちも知るところとなって、さらに数球団と契約を結んだ。

いまアメリカに行くとわかるが、ハイチュウはスーパーマーケットのレジ前に置かれている大ブレイク商品である。私が見た限り、ニューヨークでも、サンフランシスコでもそうだった。

森永製菓は、偶然やって来た好機を逃さず、「メジャーリーガーに愛されるお菓子」という他社には真似できない「ちがい」をつくりだしたのだ。

「とんかつよりソースが大事」は本当か

本章の最後に「ちがい」をつくりだすことの怖さについても書いておく。かつて、「とんかつは肉や衣よりもソースが大事だ」と言ったコンサルタントがいたが、残念ながらその「ちがい」はあてが外れてしまった。現在では、肉のクオリティを上げないと選ばれないし、使用している油が良質なことなど、健康に気をつかっている点をアピールしなければ敬遠されてしまう。

「ちがい」をつくりだそうとするとき、もっとも恐ろしいのは時代の価値観そのものが変わってしまうことだ。

明日の食事を心配しなければならない国では、太った中年男性は相変わらず金持ちの象徴である。しかし日本やアメリカでは、誤解を含め、太った中年男性に対する社会的な風当たりは厳しい。

アメリカではベジタリアン向けのヴィーガンレストランが大流行していて、カリスマシェフももてはやされている。東京にも徐々にその流れがやって来つつある。糖質制限ダイエットのブームを重ねれば、そう遠くない将来に大ブレイクするかもしれない。

かつては「安くて大盛り」が最高のサービスだった日本の学生街ですら、いまでは低カロリーでヘルシーなことが売りになるケースが多い。

時代とともに「いいもの」は変わるのだ。

マクドナルドが日本に登場したとき、それはアメリカの豊かさの象徴であり、栄養分たっぷり、牛肉100%のごちそうだったにちがいない。いまはどうだろうか。そこにアメリカへのあこがれを投影し、豊かさを感じている顧客がどれだけいるだろうか。

「ちがい」を生み出す行為は、既存の「いい」に対して勝負を挑む行為であり、成功すれば新たな「いい」を獲得できる。しかし、それがどこまでサスティナブル（持続可能）なものかは誰にもわからない。

本を読み、社会の動きを観察しながら、自らがつくりだした「ちがい」が時代に合っているか、つねに検証していくべきなのだ。

第6章

「中身」を読むな。「背景」を読め

「だまされた」と嘆くレビューを書くのは三流の証

最近のネット上には、なかなか辛辣な「書評」が並んでいる。

おもしろくない、価格ほどの価値がない、わかりにくい、だまされた……などなど。このようなレビューを書いている時間があったら、はやく次の本を読み始めたほうがいい。成功者で、千数百円の出費を惜しみ、しかも自分で選んだはずの本をあれこれけなす人を私は見たことがない。

ビジネス書に関して言えば、序文でも触れたように、おもしろいか、おもしろくないかなどどうでもいいことだ。ビジネス書はその商品性として、「おもしろがらせてもらう」ものではない。

「知っていることばかりで残念」という趣旨のレビューもよく見かけるが、これもとても残念だ。仮にその本がベストセラーなのだとしたら、その本の著者や編集者は、どのレベルの知識の読者に向けて本をつくったのかを検証すべきだろう。自分は全部知っている、と胸をはったところで、何も身につかない。そこからどのレベルに設定するとベストセラーになるのかを学ぶのが、一流のビジネスパーソンというものだ。

結局、学びとはアナロジー（類推）である。ちがう世界のものを受け取って自分の世界に適用し、何かの成果物を生もうとする。だから、何でもアナロジーで見られなければ、その時点で読み手として一流にはなれない。

買って損した、だまされた、と感じる人には、あえてこんな考え方を提案しよう。だまされることもまたビジネスの本質なのだから、「なぜ、だまされてしまったのか」「相手のどんな点が一枚上手だったのか」を楽しみながら考察してみるといい。誤解をおそれずに言えば、ビジネスとはだまし合いなのだ。


タイトルが上手だったのか。

装丁のデザインに惹かれたのか。

著者のプロフィールが魅力的だったのか。

広告の売り文句にやられたのか。

アマゾンの説明文が巧妙だったのか。

これを考察することによって「どうすればだませるか」という手法を手に入れることができる。その対価として千数百円は大した額ではないし、むしろお買い得ですらある。負けずに悪事を働けと言いたいのではない。だます方法もテクニックとして取り入れながら、最終的にいいことのために使っていくのが、ビジネスパーソンの倫理というものである。

流行（はや）りの〝ベストセラー〟から何を学ぶか

影響力のある書評家のなかには、ベストセラーを嫌悪し、読むべきではないとまで言う人がいる。私にはまったく理解できない。ベストセラーを読むことには大きな意味がある。「なぜその本は売れたのか」を見極めるだけで価値があるのだ。

世の中はノイズに満ちている。しかし、時代の変化を予感させるシグナルもある。ベストセラーはときとしてシグナルになる。うまく読みとれれば、変化を先取りできるかもしれない。

その本は、なぜベストセラーになったのか。答えはシンプルだ。普段、本を読まない人たちが買ったからだ。いつも眉間にしわを寄せて難解な言葉を使う評論家が買ったのではなく、一般の庶民たちが買ったからこそベストセラーになったのだ。

あなたのビジネスの客は、評論家か？　庶民か？

答えが「庶民」であれば、ベストセラーを読み「なぜ売れたのか？」を研究してみよう。ベストセラーは、「中身」を読むために開くのではない。その本がいかにしてヒットしたのか、どうやって庶民の心をつかんだのかを知るために開くのだ。マーケティングは庶民の心をつかむためのものだ。

たとえ本のなかに1箇所も線を引けなくても構わない。広告、説明文、タイトル……。何がヒットの要因なのか、本の「外」に線を引く意識を持つことも大切だ。

ビジネス書に限った話ではない。東野圭吾氏の小説が世間でもっとも受け入れられている小説ならば、ベストセラーを支えている層の知的レベルがどのくらいかを認識するための最適なサンプルになり得る。

公認会計士、山田真哉氏のミリオンセラー、『さおだけ屋はなぜ潰れないのか？』（光文社新書）に対して辛辣なレビューを浴びせたのは、たいがい同業者か、経理担当者だった。プロが読むに値しない本、レベルの低すぎる本、中身がない本……。ベストセラーは、こうしたレビューを集める運命にあるのかもしれない。『ドラゴン桜』（全21巻、三田紀房・著、講談社モーニングKC）も、『学年ビリのギャルが1年で偏差値を40上げて慶應大学に現役合格した話』（坪田信貴・著、KADOKAWA）も、教育関係者を中心に厳しいレビューが並んでいる。

私の眼には、その書き手の文章から嫉妬心しか見えない。

経理のプロが読むレベルの本ではない、というが、経理のプロが読むべき本にせずに一般化したからこそミリオンセラーになったのだ。そもそも、貴君のような「経理のプロ」気取りに向けて書いたなどと、いつ著者が言ったのだろうか。こうしたレビューを書くのは、自分が関係しているジャンルに思わぬ金鉱が隠れていたことに気づけなかった自分自身への苛立ちであって、己の嫉妬心に気づけない以上、成長はそこで終わりである。

『ドラゴン桜』や『ビリギャル』は、マーケットを変えることで成功した。漫画や小説に異化したことで、禁欲的な学習参考書のコーナーにも漫画やギャルの表紙が並ぶ。すると格段に目立つ。しかも東大や慶應に受かると言っているのだから、安心して親の負担で買い求められる。そういうマーケットを自ら開拓したのだ。中身の手法を批判している学習塾の経営者に、それができただろうか。

ベストセラー本なんてレベルが低い、と言ってしまうと「学び」をわざわざ手放すことになる。いいと世間が評価している以上、そこには学べることが必ずあるのだ。たとえ中身になくても、売り方や売れ方にヒントがあるはずだ。
繰り返し述べたい。線を引く箇所は、本の「なか」とは限らない。本の「外側」に線を引く箇所があるかもしれないのだ。

『学問のすゝめ』は慶應義塾のパンフレット⁉

近代日本の初のベストセラーは、福澤諭吉の『学問のすゝめ』であろう。「天は人の上に人を造らず人の下に人を造らずといへり」という書き出しはあまりに有名で、国民国家建設への気概と、身分制否定、文明開化につながる開放感にあふれている。まさに語り継がれる名著である。

しかし、『学問のすゝめ』にはもうひとつの側面がある。何を隠そう、慶應義塾に人を呼びこむための「パンフレット」としての役割だ。

福澤は、学者、啓蒙家（けいもうか）であると同時に、「学校」という仕組みを日本でもっともはやくビジネスモデルに転換した経営者なのだ。

士農工商という階級制度にしばられていた古い時代は終わり、みんなが平等になる。これからは階級ではなく、能力で差がつく時代。勉強をすれば上に行ける。だから勉強をしよう。

このように新たな時代を予感させ、高々と理想をうたいつつ、「その節は慶應義塾へ……」という宣伝を忘れていないのだ。事実、日本はその後、階級社会ではなく、学力社会となり、それとともに慶應義塾は繁栄していく。『学問のすゝめ』は時代が変わる象徴的なシグナルになった。

天は人の上に人を造らず人の下に人を造らず――。

この1文を思い浮かべて高揚しているだけでは、一流のビジネスパーソンにはなれない。『学問のすゝめ』から学ぶべきは、ビジネスであり、マーケティング、ブランディングである。商売に長けた学者が学校を始めるにあたり、どのような仕組みで永続するかを考え、実際にその後150年もの間、学校もブランドも持続しているのだ。

ちなみに私も慶應義塾の出身だ。福澤諭吉を尊敬していることをつけ加えておく。

「俺のイタリアン」から何を学ぶか

立ち食い業態で成功を収めた「俺のイタリアン」「俺のフレンチ」などを経営する「俺の株式会社」。

一般に「俺の……」が成功した理由は、立ち食いという顧客にある種の不満足を強いる業態のために安くでき、支持されたととらえられているように思う。しかし、これは本質を見誤った見解だ。

前述の通り飲食店のセンターピンは「味」だ。味が悪ければ、客足はかならず鈍る。「俺の……」に客が足を運ぶのは、味がいいからである。では、なぜ、あれだけの「低価格」で「美味しい」を提供できるのか。そこにこそ、ビジネスのヒントが隠されている。

創業者、坂本孝氏の著書『俺のイタリアン　俺のフレンチ』(商業界)には、同社のビジネスモデルの驚くべき本質が、たった1枚の表としてまとめられている。

「俺の……」の成功の理由は、立ち食いによる回転数向上によってもたらされた、驚異的な損益分岐点の優秀さだ。一般的に、飲食店の原価率は40%ほどとされているが、「俺の……」は60％を超えている。にもかかわらず、圧倒的な回転率のためにペイできてしまう。回転数が上がれば上がるほど収益力は上がり、シミュレーション上、料理の原価率は88％にしてもなお、利益が出るというのだ。

２０００円の料理に対して、１２００円（60％の場合）、１７６０円（88％の場合）の原価をかけても儲かる、ということであれば、ライバル店の味を圧倒できるのは言うまでもない。

顧客が立っているか座っているかが問題なのではなく、回転率の良さによって可能になる「味の良さ」こそが成功の理由なのだ。「立って食べさせる」というのは、それを実現する方法論にすぎない。

逆に言えば、このビジネスは、回転数が上がらなくなれば途端に崩壊する。

また、もしも座って食べて回転率が上がる仕組みをライバルがつくったら、「俺の……」は危機を迎えるかもしれない。

背景を知りたければ「現場」に出よ

ただ本を読むだけではなく、ぜひ実地検証することをおすすめしたい。「俺のイタリアン」や「俺のフレンチ」に行って驚いたのは、若い客しかいないことだった。この様子を見るのと見ないのとでは、自分のビジネスにいかすときのニュアンスも変わってくる。

UberやAirbnbの先進的なビジネスモデルを知らない人はもう少ないだろう。では、これだけ礼賛されていて、実際に使ったことがあるだろうか。「話としては知っている」ではなく、実際に経験してみてはじめてわかることがたくさんある。

Uberの配車はどのくらいの時間がかかるのか、ドライバーは何人いるのか、どのくらい稼げているのか、ドライバーにとってのメリットとは、ヘビーユーザーの数は……。配車を依頼しクルマを待っているわずかな間だけでも、さまざまな疑問が湧く。

いわゆる民泊サイト、Airbnbも同じだ。実際に利用してみるとその優れたビジネスモデルを実感できる。Airbnbの成功は、「仕入れ」をうまくしたことに尽きる。プロからではなくアマチュアから仕入れたのだ。

部屋の所有者は普段からその部屋がキャッシュを生んでいるわけではないので、仕入れ値（賃料のうち貸し出す部屋に相当する部分）だけで募集を出しても構わない。「俺の……」もびっくりの原価率１００％である。しかし、そのまま空室にして損をするくらいなら、安くても貸し出してしまえという発想になる。したがって、ホテルでは考えられない料金で、素晴らしいクオリティの部屋に泊まれてしまうのだ。

ビジネス書を読んで、優れたビジネスモデルの秘密を知る。次に、現場へ行って、それを体感したり、本に書いてあったこととのズレを探したりする。このトレーニングを繰り返すことで、世の中を見る目は、以前とは劇的にちがってくるだろう。

身近にひとりやふたりは「自分には見えていないことが、この人には見えている」と感じる優秀な人物がいないだろうか？　彼らは、決して、このトレーニングを欠かしていないはずだ。あなたにもその仲間入りをしてほしい。

第7章

さあ、「教養」に挑め！

「英単語を覚える天才」がやっていること

ＮＨＫラジオの『実践ビジネス英語』の講師である杉田敏氏を、私は個人的に敬愛している。ＮＨＫ出版から刊行されている『実践ビジネス英語』は、ハイレベルの教材を求める人には断然おすすめしたい。

さて、ビジネス英語の達人である杉田氏には特技がある。一度覚えた英単語は、絶対に忘れないのだ。

記憶術の天才なのかもしれないが、杉田氏はつねに新しい英語の知識やその単語が言い表す意味や概念に興味があり、忘れることはないという。

私はこの姿に、教養や知性を学ぶ際のまっとうな姿勢があると思う。ある程度単語を覚えたら、とにかくめちゃくちゃでもいいから英語を喋（しゃべ）ってみようというタイプの講師もいるが、会話の相手は結局、どんなフレーズ、どんな単語を出してくるかによって、相手の知性を推し量っている。

自分の教養を見せ、相手の教養も引き出す。こんな知的な会話がしたければ、英語の場合はボキャブラリーを増やさないわけにはいかないのだ。

そしてこれは、英語に限った話ではない。

知的な好奇心が満たされるとワクワクしないだろうか。その単語によって、たったひと言で「あのこと」が相手に伝わるのだ。杉田氏に一歩でも近づくには、興味や知的好奇心をつねに持ちながら、頭をスポンジのような状態に保っておくことが大切だ。

この章では、「教養」にチャレンジする方法を考えてみる。

「恐怖」に「知的好奇心」が勝つかどうか

未知の世界に一歩を踏み出すときには、恐怖を感じるものだ。ましてや、自分の不得手のジャンルや、難解な書物を読むときには、重い腰がなかなか上がらない。自分には理解できないのではないか、途中で挫折してしまうのではないか、すでに得意な領域を伸ばしたほうがいいのではないか。こう感じて、なかなか未開の地に足を踏み入れようとしない。

しかし、これらの「恐怖」に、まだ見ぬ世界を見たい！　という「知的好奇心」が勝たなければ一流にはなれない。

国会図書館には4000万点以上の資料が保管されているという。それぞれに著者や編集者がいて、読者に何かを伝えたくて作られているはずだ。ワクワクしないだろうか？
知らないことが山のようにあるのだ。知的好奇心のボリュームをあげて、挑んでほしい。
その先に「教養」がある。

「金」は奪えるが、「知恵」は奪えない

苦難の歴史が続いたユダヤ人には、有名な教えがある。

「土地や財産は奪われることがあっても、知恵と人脈は奪えない」

虐待され、身ぐるみ剥がれ、投獄されても、知恵だけは牢獄（ろうごく）のなかまで持ち込める。国を追われ続けたユダヤ人だからこそ、もっとも投資するべきもの、最後まで信用できるものは知恵と人だと看破しているのだ。

財産をすべて奪われても、人には知恵が残っている。

たとえ会社が倒産しても、知恵さえあれば再びビジネスを始められる。

希望さえ失わなければ、その知恵を糧に、かならず復活できる。

プロスポーツ選手をめぐる残念なニュースを見るたび、彼らに必要だったのは何億円もの年俸ではなく、ごく基本的な知恵だったのではないかと考えてしまう。

本は、知恵にアクセスするための素晴らしいツールだ。たとえ学校に通うお金や機会がなくても、私たちには読み切れないほどの本がある。

野口悠紀雄氏の著書『「超」納税法』（新潮文庫）には、興味深い考察が述べられていた。


「知識には税金がかからない」


これは驚くべき発見だ。知識は固定資産に近い性格を持っているのに、土地持ちは課税されても、「知識持ち」は課税されない。そもそもどれだけ保有しているか測りようがないのだから、税務署だって把握できない。

でも、知識の有無によって、お金を稼ぐ力は数倍、数十倍はちがう。その「結果」としての所得には課税されるが、「原因」である知識はどこまで行っても非課税なのだ。

事業に失敗した人、破産した元経営者などに、再びスポンサーや支援者が現れるのは、この原則をよく知っているからだ。無一文になっても、ある程度まで成功した理由は知識や才能があるからで、それは不変であるばかりか、むしろ大きな失敗を経験したことによって今後の成功確率が高まっているかもしれない。投資家はそこに目をつける。

知識のある人は、知識のある人のことしか本気で相手にはしない。知識の有無は、少し会話をしてみるだけですぐ露(あら)わになってしまう。たとえお金がなくても、本物の知恵とアイデアがある人には、投資してくれる人が現れる。

清末期の中国の大富豪、胡雪岩は、『中国商人　儲けの知恵』(欧陽居正・著、正木義也・訳、総合法令出版)によると、次のように述べている。

「水が増えればその水に浮かんでいる船の位置も高くなる、すなわち人は誉められれば誉められるほど立派になる」

含蓄のある、いい言葉だ。船は水かさが増えれば上がる。つまり、周りがだめにすればその人はだめになり、上げてくれれば結局その人も上がっていくのだ。あなたに教養があれば、水かさを上げてくれる人たちが現れるだろう。

『非才!』になりたければ、かける時間を増やせ

ワークライフバランスの議論など、まったくバカバカしい。

ワークとライフをわける必要などない。仕事は遊びであり、遊びもまた仕事だ。すべての時間を学びに使うことが楽しいし、その結果を仕事にいかすこともまた楽しい。だから、ワークとライフ、仕事とプライベートの間に線の引きようなどない。

それでもたびたびワークライフバランスが話題になるということは、一般にこうした感覚を持つ人が少ないのだろうと推察できる。もしかしたら、あなたもそうかもしれない。

そんな人には、「天才系」の本を読むことをおすすめしたい。天才たちのさまざまなエピソードを通じて学べる唯一の結論は、

それをやっている時間が長い

ということだ。身も蓋もないように感じるかもしれないが、これは真理だ。成果を出している人は、そこにかけている時間が圧倒的に長い。アマチュアがプロに勝てない決定的

な理由は、かけている時間の差である。

イギリス「タイムズ」紙のコラムニストで、BBCのコメンテーターを務めているマシュー・サイドという人がいる。彼はイギリスを代表する卓球選手で、オリンピックにも2度出場、3回英連邦の卓球チャンピオンになっている。

その著書『非才!』(山形浩生、守岡桜・訳、柏書房)には、彼自身がどのように上達したのかが書かれている。

彼の兄もまた卓球選手であり、自宅のガレージには競技用の卓球台があって、自然に卓球に親しむ環境があった。兄弟のコミュニケーションは卓球の練習そのものだった。通っている小学校には全英トップクラスの卓球コーチがいて、自宅の近くには24時間オープンのスポーツクラブもあった。ずっと練習できる環境があって、しかもどれだけやっていても飽きなかった。成功の鍵を握るのは「才能」ではなく「練習」である、というのだ。

環境に恵まれ、いいコーチがいて、飽きずに長い時間をかけられれば才能は開花する。

他の天才研究も概ね結論は同じ。答えはシンプルなのだ。何事も、「ずっとやってるヤツ」がうまくなる。

「連鎖する読書」のすすめ

さまざまな本を読み、いい線が自分のなかに蓄積されてくると、やがて連鎖する読書の楽しみが理解できるようになる。

本書で紹介した例で言えば、決算書の知識を得てジョンソン・エンド・ジョンソンの「我が信条」(87ページ参照)の見事な構造に気づくと、今度は実際にジョンソン・エンド・ジョンソンがどんな経営をしてきたのか知りたくなる。

そこで調べてみると、ジョンソン・エンド・ジョンソンの日本法人で社長を務めた新将命(あたらしまさみ)氏の『経営の教科書』(ダイヤモンド社)という絶好の本があることを知る。

次に、P&Gを研究してみる。ユニ・チャームを分析してみる。さらに、業態を変えて無印良品のマネジメントを学んでみる。ここでマネジメントの重要性を再認識し、ドラッカーの『マネジメント』を読み返してみると、前回は得られなかった新たな発見ができる。

こうした、思考の横展開が始まると、読書はもう尽きることがなくなる。知らないことへの「恐怖」は、知らないことを知る「喜び」へと変化している。ここまでたどり着ければ、本書の役割は終わったのかもしれない。

「分厚い本」に挑むコツ

ビジネスの世界では、他者（他社）との「ちがい」をつくりだすことが、勝利の条件だと前述した。そのような「ちがい」をつくるためには、他の人たちが読むのを敬遠するような本に挑むと、功を奏する。「分厚い本」や「古典」がその象徴だろう。


まずは「分厚い本」について考えてみる。

分厚い教科書は、見ただけでうんざりしてしまうかもしれない。

試しに開いてみると、文字の小ささ、情報量の濃厚さに驚く。

こんな本はとても相手にできないとひるんでしまう。

しかし、だからこそ読めば、競争優位性をつくれる。

とりわけ、アメリカの教科書や名著には分厚い本が多い。しかし、その分量に恐れをなす必要はない。むしろアメリカの教科書は極めて良心的で、それゆえに厚くなっている。

サービス精神が旺盛な結果、厚くなっているのだ。

それ1冊で当該分野すべてを体系的にまとめているため、基本的にオール・イン・ワンだ。何冊も買う必要がなく、横展開、連鎖する読書が、1冊のなかで完結できる。素晴らしいとは思わないだろうか。

何より、使えるケーススタディが多数収録されている。写真や図版資料も多く、ビジュアル的に飽きないようになっている。論拠になっているデータも豊富で、読者がいちいち検証する必要はない。

手元においておき、必要なときに、必要なだけつまみ食いすればいい。写真だけをパラパラ眺めたり、迫真のケーススタディだけ拾い読みしたりしても刺激的である。著者や編集者があれもこれもとサービスしてくれた結果の「分厚さ」なのだから、読み手は楽しみながら読めばいいのだ。辛かったのはむしろ、そのページ数と格闘した著者や編集者の側であろう。

改訂を重ねている名著『コーポレート・ファイナンス』〔第10版〕上・下巻（リチャード・A・ブリーリー、スチュワート・C・マイヤーズ、フランクリン・アレン・著、藤井眞理子、国枝繁樹・監訳、日経BP社）は、上・下巻合計で1600ページというボリュームにもかかわらず、じつに読みやすい。作りがとにかくていねいなのだ。セットで購入すると、邦訳版で約1万3000円になる。だが、まったく高いとは思わない。1300

円の単行本10冊分を遥かに超える内容がある。ぜひ楽しみながら挑んでみてほしい。

「古典」を読むと考えるチカラがつく

「古典」は、重要にもかかわらず多くの人が敬遠している分野だ。しかし、競争優位性を得るためには、ぜひ吸収したいところだ。

瀧本哲史氏の『読書は格闘技』(集英社)を読んでもっとも勉強になったのは、カーネギーの『人を動かす』(山口博・訳、創元社)のような名著はなぜ名著となり、長期にわたって売れ続けているのかを論じている部分だった。

「高い普遍性を持つ法則を読者に理解させるには、状況が理解しにくい事例を使って読者の思考を促すという方法が良い。そこで『人を動かす』なり(筆者注:『韓非子』の)『説難』が著者の意図とは無関係にとっている方法が、結果的にとても有効であり、この二冊をして古典たらしめているのではないか」

古典の事例は現代に即しておらず、読者にとっては一見わかりにくい。しかし、だからこそ読者は自分の場合ならどうだろう、と「変換」する力が身につく。つまり、古典は

「例がわかりにくいからこそ役に立つ」と言っているのだ。

いまさら戦国時代の武将の考え方や戦いぶりを知っても、ギリシャ神話を理解しても、すぐ何かの役に立つことはない。あまりに現代とはちがいすぎるからだ。そこで本質だけを抜き取り、自分が接している現実に合うように「変換」しようとする。このトレーニングを強いられることこそが、古典を読む醍醐味なのだ。

時代が変わっても、ずっと心にとめておきたい「普遍の真理」とは何か。老子や孔子やカーネギーを読んで、それを読み解くといいだろう。

引けば引くほど、もっといい線が引ける

良質なビジネス書に出会い、私は今日も線を引く。その線のなかに、時代の姿と今後の行方、そして本当に大切なことが潜んでいる。

やはり質にこだわるべきだな、グローバル化は加速するな、現場に勝るものはないな……。こうして学んだことをさっそく実践してみる。するとまた新しい分野に関心を持ち、ビジネス書を読んでは線を引くのだ。

教育は、とても残酷なものだ。

学んだ人はさらに深く学べるようになり、そうでない人との差は指数関数的に広がっていく。英語が読める人と読めない人では、海外を歩くだけでも、看板から入ってくる情報量には大きな差がある。ときには危険を警告している情報を見落とし、命を落とすリスクすらある。

国語ができる子どもは頭がよくなる。すべての情報は国語を通して入ってくるからだ。これは、大人になってからも変わらない。複数の人たちが同じビジネス書を読んだとしても、理解の深さはまるでちがう。線を引く箇所もちがう。

この決定的な差をもたらすのが、基礎教養だ。会計がわかっていなければ、ジョンソン・エンド・ジョンソンの「我が信条」の意味も、USJがなぜ集客数にこだわるのかも、本質的には理解できない。

教養に挑もう。

弱点に向き合おう。

部分練習をしよう。

教養という武器を手に入れ、一線で活躍するために、本に線を引いてほしい。

終章

ブルー

私はブルーワーカーの父のもとに生まれた。

建築の現場において、父が手がけていたような水道やガスの工事の担当者は、大工よりも「下の身分」として扱われていた。

自らの意志などないも同然。父は、仕様変更や理不尽なスケジュール変更など、周囲の勝手な都合にいつも振り回されていた。

父が、父の兄である伯父と一緒に、ある金持ちの家に水道工事に出向いたときのこと。長時間にわたる作業の合間の休憩時間に、施主は大工たちにお茶を出して労をねぎらったらしい。そのとき、兄弟ふたりは、大きな屋敷の庭にむしろを敷かれ、そこに座らされて茶を出されたのだという。

屋敷の縁側にすら上げてもらえなかったのだ。

父が下を向き唇を噛んでいると、伯父は周囲に聞こえないような小さな声で、こう言ったという。

「貧乏っていうのは、こういうことだ」

父は伯父の急死後、貧乏を克服するために跡をつぎ、我慢に我慢を重ねて商売を続けた。たくさんの理不尽を受け止め、やりたいこともやらずに、家族のために毎日現場に出ていった。

父にあったはずの夢。

胸のうちにそっとしまい込んだハングリー精神。

私は、それらを受け取って今日まで生きてきた。

むしろの上に座らされた父の屈辱を思い、自分の心に火をつけてきた。

福澤諭吉が説いた通り、身分差別をなくす方法は「学ぶこと」である。

料理人は、かつては「卑しい仕事」のひとつだった。しかし味を探求し、教養を身につけ、最高の料理にたどり着いた料理人たちは、いまでは「カリスマシェフ」として尊敬されるようになった。

「学び」こそが、人生を開き、人々に喜びを運ぶのだ。

誰もがフラットに参入し、フラットに評価しあう。それが世界の価値を最大化すると私は信じている。そのために、まだ陽の当たらない著者の卵たちに光を当てたり、毎日メールマガジンでビジネス書を紹介したりしてきた。

私が最初に買った欲しくもない高級車は、青いマセラティだった。

その青のなかに、父が乗っていたトラックの青、ブルーワーカーの「ブルー」を重ねていた。

ブルーは私の「動機」を彩っているシンボルカラーだ。

自分の命を「青の地位の向上」に使いたい。

「幸せ」は絶対評価。「成功」は相対評価

「土井は、〝成功〟は語るが、〝幸せ〟については語らない」

こんなことを言われたことがある。

たしかにその通りだ。

私は「幸せ」について語ることがない。

でも、それは当たり前のことなのだ。

幸せは、あくまで本人の問題、本人次第だ。

夜が明けたことも、お腹が満たされたことも、友人からメールがきたことも、「幸せだ」と思えれば、それは紛れもなく幸せな状態である。

幸せはその人自身の「絶対的な評価」であり、他人と比較することに本質的な意味がない。比較し始めれば不幸になるだけである。


しかし、「成功」はちがう。

成功は他人や過去の自分と比べた場合の度合いを示しているのであって、つねに「相対評価」である。「ただ思う」だけで成功することはありえず、そこには学びと実践が必要になる。だから毎日、本を読み、線を引くのだ。

本書が、あなたが「成功」を求めて歩み出すエネルギーになることができれば、こんなにうれしいことはない。

土井英司

［著者プロフィール］

土井英司　Eiji Doi

有限会社エリエス・ブック・コンサルティング代表取締役／日刊書評メールマガジン『ビジネスブックマラソン』編集長。1974年生。慶應義塾大学総合政策学部卒。日経ホーム出版社（現・日経BP社）を経て、2000年にAmazon.co.jp立ち上げに参画。売れる本・著者をいち早く見つける目利きと斬新な販売手法で『ユダヤ人大富豪の教え』（50万部突破）、『もえたん』（17万部突破）など数々のベストセラーを仕掛け、「アマゾンのカリスマバイヤー」と呼ばれる。2001年に同社のCompany Awardを受賞。独立後は数多くの著者のブランディング、プロデュースを手掛け、2011年にプロデュースした『人生がときめく片づけの魔法』が158万部のベストセラーに。同書は現在、アメリカ版、イタリア版をはじめ41カ国で翻訳が決まり、アメリカ版は『The New York Times』『The Wall Street Journal』が紹介するベストセラーに。2015年３月には同書がアメリカ、イタリアのAmazon総合ランキングで同時１位を実現。世界的ムーブメントを巻き起こし、計625万部のベストセラーとなっている。専門としているビジネス書では、『年収200万円からの貯金生活宣言』がシリーズ70万部のベストセラー。ほかにも、年間ビジネス書ベストセラーのトップ10入りを果たした『「超」入門　失敗の本質』、『年収１億円思考』はじめ、ベストセラー多数。『経営の教科書』『投資信託選びでいちばん知りたいこと』『プロフェッショナルサラリーマン』『フォーカス・リーディング』『バカでも年収1000万円』『その話し方では軽すぎます！』『世界一愚かなお金持ち、日本人』『９割受かる勉強法』など、作品はビジネス書、実用書を中心に次々とベストセラーリスト入りを果たしている。自らの著書も、10万部を突破した『「伝説の社員」になれ！』はじめ、いずれもベストセラーに。

ブックデザイン　轡田昭彦＋坪井朋子
撮影　鈴木江実子
校閲　鷗来堂
編集協力　増澤健太郎
編集　黒川精一（サンマーク出版）

一流の人は、本のどこに線を引いているのか

2016年10月10日　初版印刷
2016年10月15日　初版発行

著　　者　土井英司
発 行 人　植木宣隆
発 行 所　株式会社サンマーク出版
〒169-0075
東京都新宿区
高田馬場2-16-11
☎03-5272-3166（代表）
印 刷 所　共同印刷株式会社
製 本 所　株式会社若林製本工場

ISBN978-4-7631-3586-5　C0036

ホームページ　http://www.sunmark.co.jp
携帯サイト　http://www.sunmark.jp

私の引いた44本の線

巻末付録として、筆者がこれまでに読んだ約2万冊のビジネス書のなかから、44冊を厳選し、それぞれに引いた「線」を紹介する。書店を歩きながら運命の1冊を探すようなつもりで、ページをめくっていってほしい。

1

『プロフェッショナルマネジャー』

ハロルド・ジェニーン、アルヴィン・モスコー・著、田中融二・訳、プレジデント社

本を読む時は、初めから終わりへと読む。

ビジネスの経営はそれとは逆だ。

終わりから始めて、そこへ到達するためにできる限りのことをするのだ。（34ページ）

「ビジネスブックマラソン」（ＢＢＭ）第１号に掲載。「何かできないか？」ともやもやするくらいなら、目的から逆算して「とにかくやる」という行動力を学びたい。

2

『マネジメントの正体』

スティーブン・P・ロビンズ・著、清川幸美・訳、SBクリエイティブ

多くの従業員がやる気を出さないのは、努力と業績の関係、業績と報酬の関係、実際に受け取る報酬と本当にほしい報酬の関係、という三つの関係性のいずれか、あるいは全部が弱いと認識されているからだ。（38ページ）

マネジメントの基本的な考え方。従業員のモチベーションが上がらないときには、この3つのポイントをチェックすると「原因」が見えてくる。

3

『成功する練習の法則』

ダグ・レモフ、エリカ・ウールウェイ、ケイティ・イェッツイ・著、依田卓巳・訳、日本経済新聞出版社

スキルを分離して個別に練習する（85ページ）

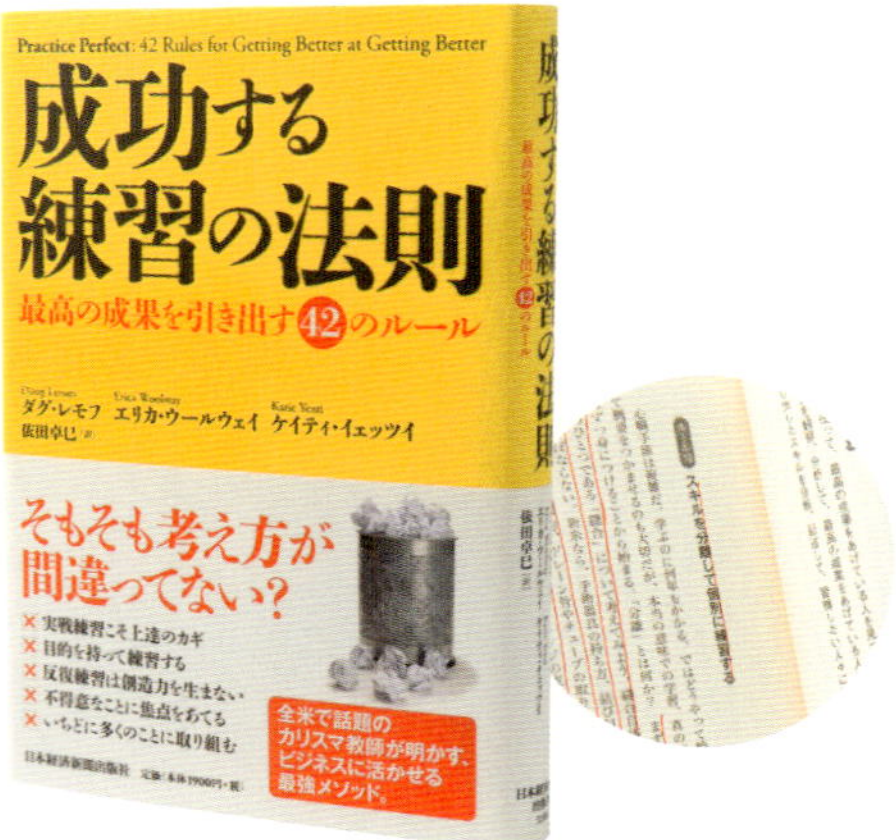

上達には部分練習が大切。その際、その練習に具体的な名前をつけると、何をしているのかが明確になり、上達につながる。

4

『ザ・ゴール』

エリヤフ・ゴールドラット・著、三本木亮・訳、ダイヤモンド社

工場の中のリソースを二つに分けないといけない。ボトルネックと非ボトルネックだ（217ページ）

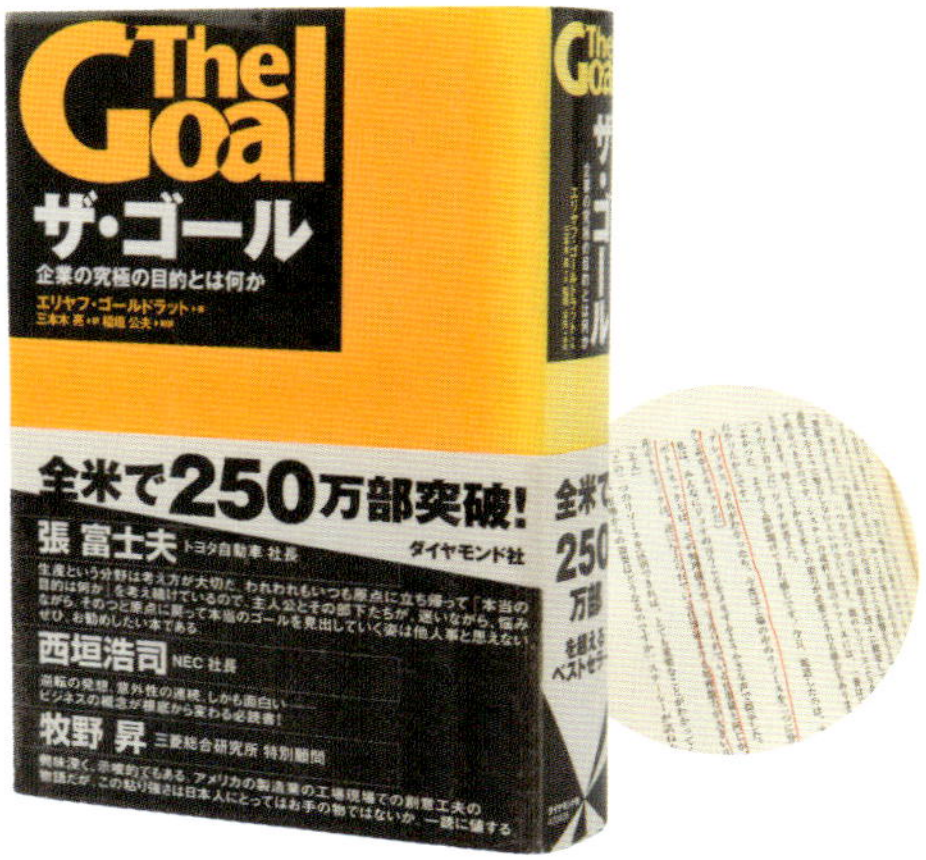

与えられた仕事量を処理しきれていない部分がボトルネック。その部分の強化が、全体の生産性を上げる。本書の説く「制約条件理論（TOC）」の中核をなす考え方。

5

『マネジメント』

エッセンシャル版、P・F・ドラッカー・著、上田惇生・編訳、ダイヤモンド社

人が雇われるのは、強みのゆえであり能力のゆえである。組織の目的は、人の強みを生産に結びつけ、人の弱みを中和することにある。（80ページ）

「顧客の創造」に次ぐ、あるいはそれ以上に大切な要素。人が集まり組織を作る理由の原点。これがなければ、組織である意味がない。

6

『フィッシャーの「超」成長株投資』

フィリップ・A・フィッシャー・著、荒井拓也・監修、高田有現、武田浩美・訳、フォレスト出版

安く買って高く売ろうと派手な動きをするよりも、真に優れた企業を見つけ出し、市場がどれだけ激しく変動してもその企業の株を保有し続けるほうが、実際のところ、はるかに大きな利益をはるかに多くの人たちにもたらしたのです。（24～25ページ）

成長株に投資して持ち続けろ。このひと言につきる。成長さえし続けていれば、買値は気にする必要がない。バフェットの考え方を変えた言葉。

7

『分類思考の世界』

三中信宏・著、講談社現代新書

名もなきものは最初から存在していない。その逆に、名さえあれば「ない」ものも「ある」ことになる。（52ページ）

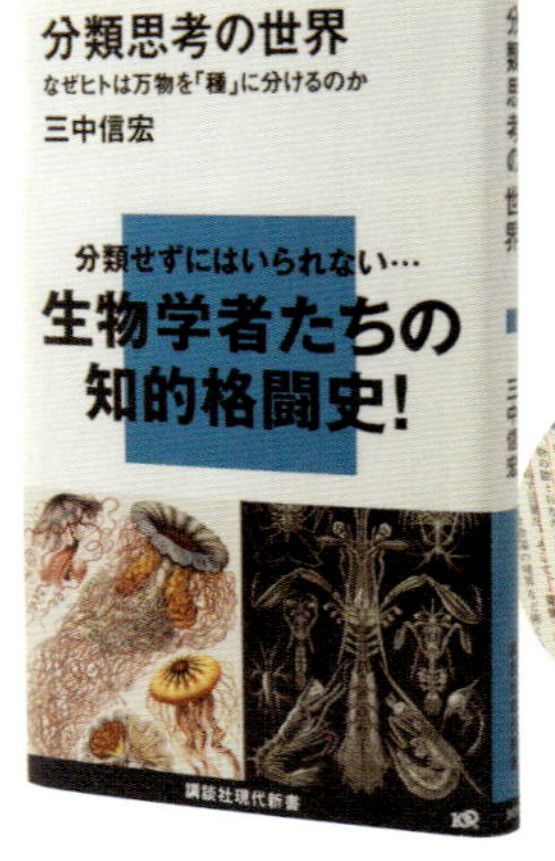

名前をつけることで新しい分類が生まれ、ときに新たなマーケットさえも生んでしまう。

8

『アディダスVSプーマ　もうひとつの代理戦争』

バーバラ・スミット・著、宮本俊夫・訳、ランダムハウス講談社

東京でのことはよく覚えていますよ。まるでジェームズ・ボンドかミステリー映画のようでね。シューズ・メーカーのエージェントがトイレに入り、個室の陰に封筒を置いていくと、私がすぐ後からその個室に入るんです。封筒の中を見ると、五ドル札や一〇ドル札で六〇〇～七〇〇ドルとか、時には数千ドル入っていることもありました（70ページ）

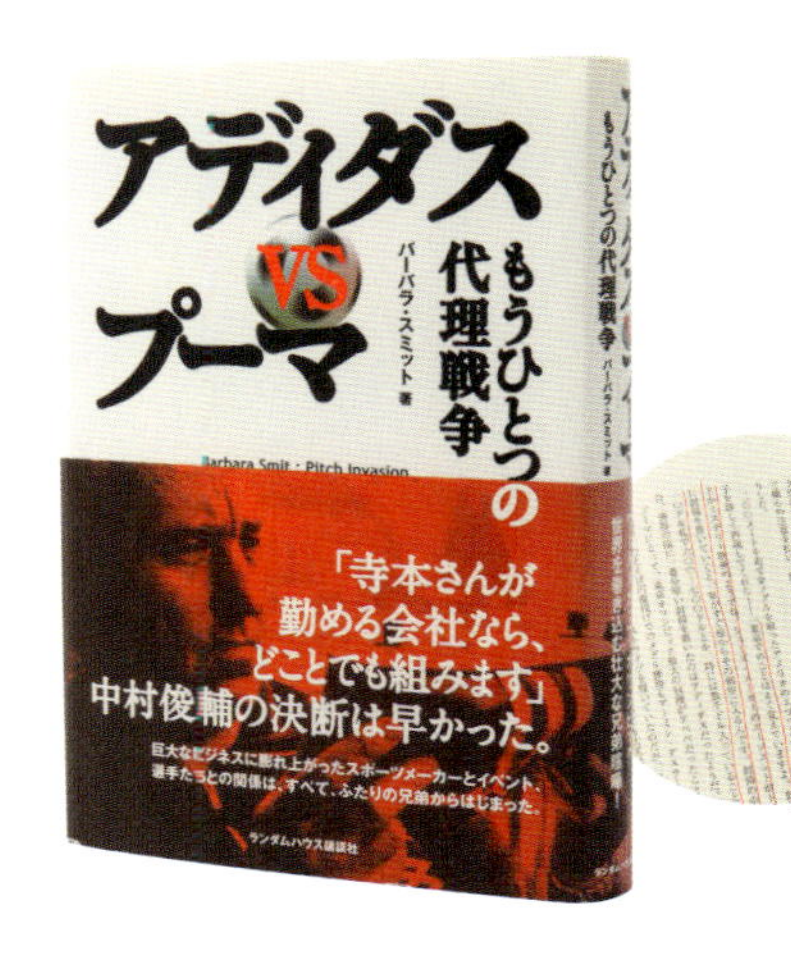

水は上から下に流れる。生々しい話だが、スポーツビジネスにとっては「スター選手」こそが「上流」だということ。ビジネス成功の条件は「上流」をおさえること。

9

『「ポッキー」はなぜフランス人に愛されるのか？』

三田村蕗子・著、日本実業出版社

「ミカド」は「ポッキー」のヨーロッパ版だが、ブランド・アイデンティティは「ポッキー」と天と地ほど異なる。アジアの「ポッキー」が元気ハツラツ、明るく陽気なティーンエイジャーだとすれば、「ミカド」は完全に大人。味も「ポッキー」より濃厚だ。（90ページ）

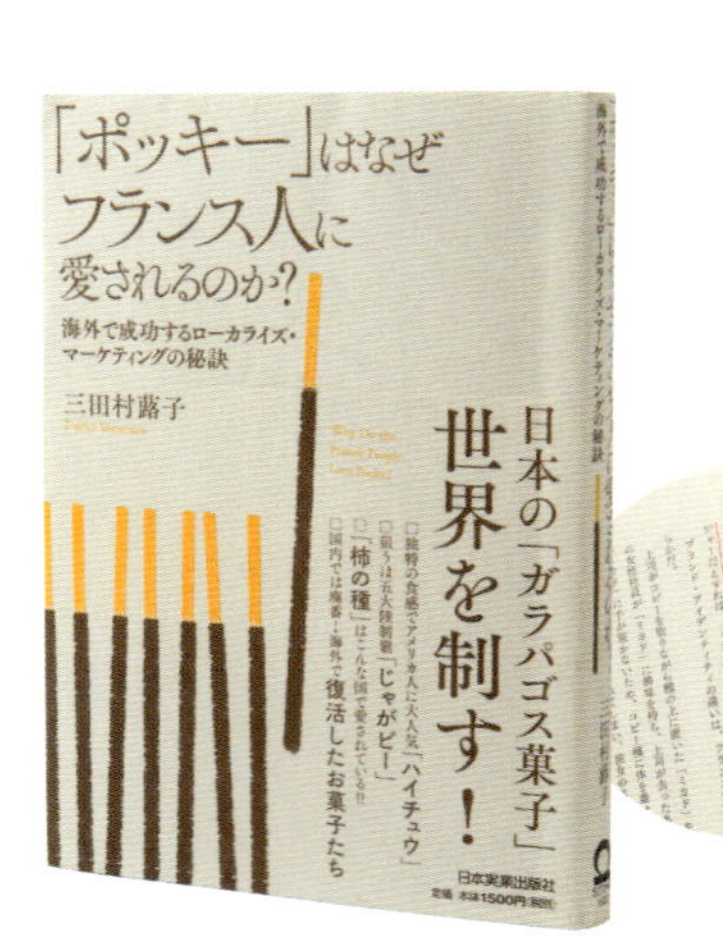

グローバル市場で展開するための重要なヒント。オリジナルの市場である日本とは異なる意味づけを行って成功したという好例。市場に合った訴求の仕方が重要になる。

10

『進化系ビジネスホテルが予約がとれないほど人気なワケ』

永宮和美・著、洋泉社

以前なら、そうした（編注：シニアや団塊の）グループ客はシティホテルのツインやトリプルを利用していた。しかし、いまはリーズナブルなビジネスホテルのシングルを選ぶ。仲のよい遊び友だちであっても、プライバシーは確保したいという意識が強いようだ。（23ページ）

ビジネスホテルはもはや「ビジネスマン」のためのホテルではない。集団→個への変化を観察して「リゾートのようなビジネスホテル」という発想に行き着けると成功する。

11

『案本』

山本高史・著、インプレスジャパン

あらゆる人や物事や事実は、他の無数の人や物事や事実と、結びつきながら存在している。真ん中になにを置くかを決めるのは、考える作業上とても重要なこと。でも、真ん中だけ見ていても、見続けていても、豊かなイメージはつくれない。（76ページ）

日本企業は真ん中の価値ばかりを訴求しすぎる。著者は自らの失敗例も隠さず、周辺にあるものを織り込んでいくことの大切さを説く。

12

『情報の文明学』

梅棹忠夫・著、中央公論社

外胚葉諸器官のうち、もっともいちじるしいものは、当然、脳神経系であり、あるいは感覚器官である。脳あるいは感覚器官の機能の拡充こそが、その時代を特徴づける中心的課題である。（43ページ）

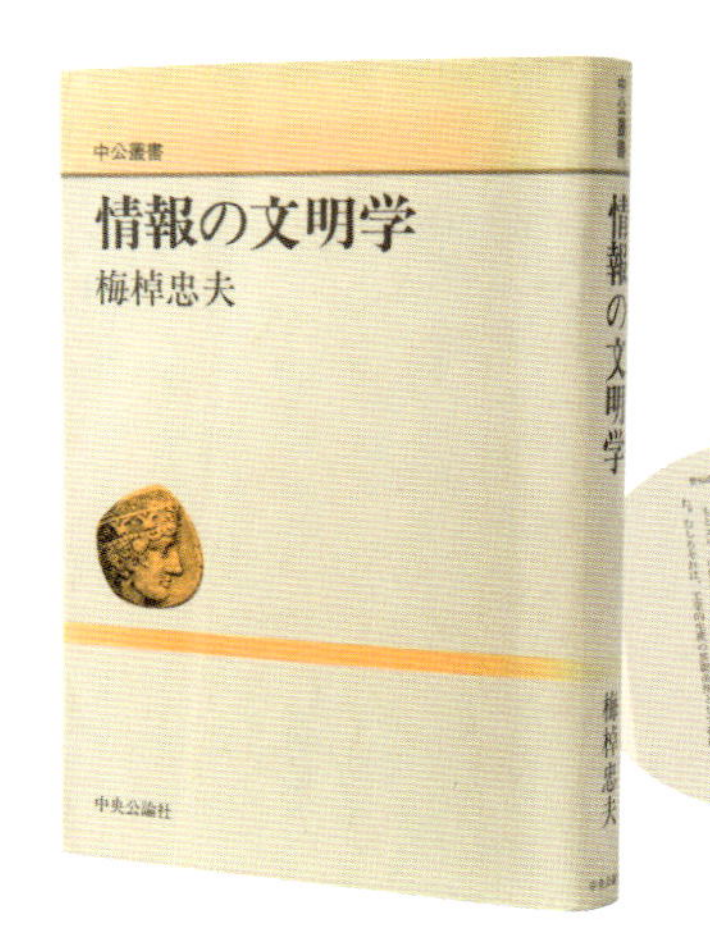

数々の内容が現実となった名著に残された最後の「予言」はこれ。感覚器官を満たすもの、つまり触り心地やフィーリングなどにこだわった商品にチャンスがくる。

13

『非才！』

マシュー・サイド・著、山形浩生、守岡桜・訳、柏書房

一万時間ルールは傑出性の指標としては不じゅうぶんであるようだ。求められるのは一万時間の目的性訓練（102ページ）

長く練習を続けているのに一流になれない人の理由はこれ。「目的」を明確にした一万時間の訓練が必要と説く。結果を出している人はどう訓練しているか、事例が満載。

14

『見える化　強い企業をつくる「見える」仕組み』

遠藤功・著、東洋経済新報社

「見える化」の基本は、相手の意思にかかわらず、さまざまな事実や問題が「目に飛び込んでくる」状態をつくり出すこと（25ページ）

言わなくてもわかる。受け手がわかろうとしなくてもわかる。この状態が組織単位でつくれているところは強い。

15

『FBIアカデミーで教える心理交渉術』

ハーブ・コーエン・著、川勝久・訳、日本経済新聞出版社

最終提案を成功させる秘訣は、相手にどの程度まで時間と労力を投資させるかにかかっている。

（31ページ）

「この客のためにここまで手間をかけたのだから、どうしても決めたい」と思わせたら勝ち。値切る際も、相手に時間と労力を使わせるほど、安く買うことができる。

16

『「話し方」の心理学　必ず相手を聞く気にさせるテクニック』

ジェシー・S・ニーレンバーグ・著、小川敏子・訳、日本経済新聞出版社

なにかを質問するときに、なぜその情報が必要なのかという理由を省くと、相手に不信感を持たれやすい。（29ページ）

目的の伝達抜きにいくら質問しても、いい答えは返ってこない。インタビュー時はつねに思い出したい至言。

17

『良い戦略、悪い戦略』

リチャード・P・ルメルト・著、村井章子・訳、日本経済新聞出版社

戦略の基本は、最も弱いところにこちらの最大の強みをぶつけること、別の言い方をするなら、最も効果の上がりそうなところに最強の武器を投じることである。（20ページ）

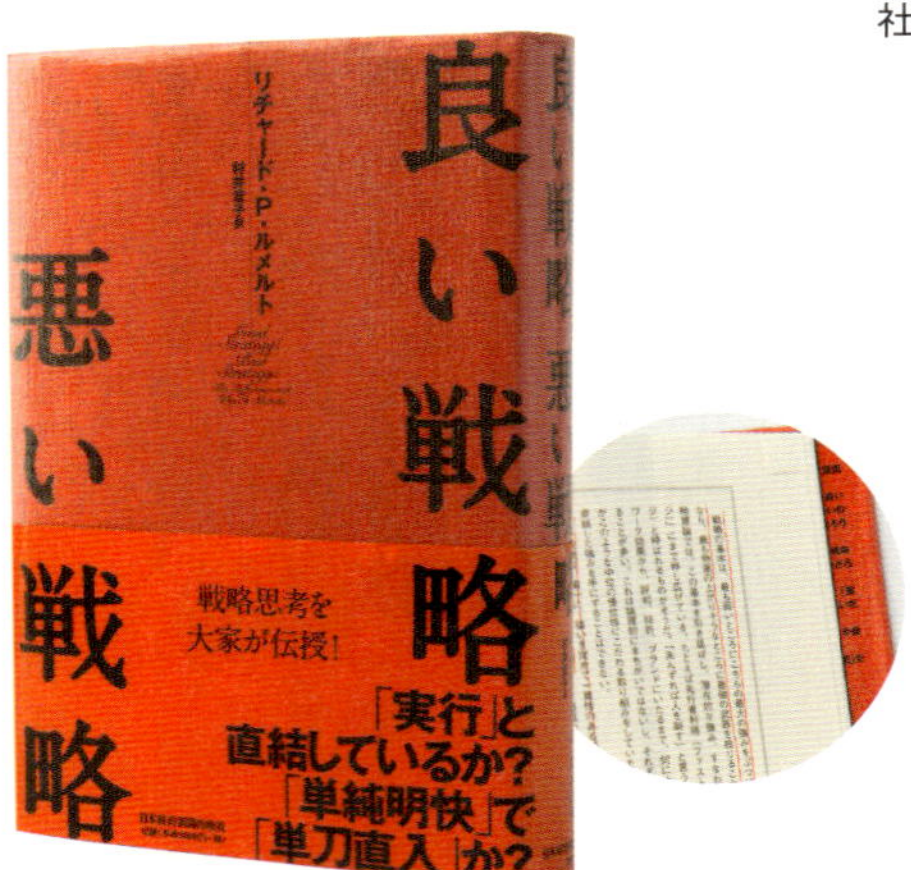

相手に自分の弱みをつかせず、相手の弱みに対して自分の強みを最大限使うことが大切。ビジネスはもちろん、スポーツ選手への最適なアドバイスでもある。

18

『下流志向』

内田樹・著、講談社

教育の逆説は、教育から受益する人間は、自分がどのような利益を得ているのかを、教育がある程度進行するまで、場合によっては教育過程が終了するまで、言うことができないということにあります。

（46ページ）

英語を学ぶ意味は、外国に行かないとわからない。教育の効果はあとでわかる。その目的に対する問いに答えるべきではない。教育者の仕事はまずは「やらせる」こと。

19

『「超」納税法』

野口悠紀雄・著、新潮文庫

究極の相続税節税策は教育（106ページ）

この世に教育以上のよい投資はなく、そのうえ税金がかからない。素晴らしいヒントだと思う。

20

『私はどうして販売外交に成功したか』

フランク・ベトガー・著、土屋健・訳、ダイヤモンド社

私はいつでも申込書に見込客が署名する個所に大きく×という印を鉛筆で書いておく。こうしておけば、簡単に私の万年筆を相手に渡して、大きく×という印の書いてある場所を指して「ここに×と書いてありますところに、お名前をお書きくださいませ」といえる。（159ページ）

相手が「そうしたくなる」ように誘導できる人が勝つ。いくら途中まで努力しても、上手にクロージングできなければ成果につながらない。

21

『イノベーションのジレンマ』

増補改訂版、クレイトン・クリステンセン・著、玉田俊平太・監修、伊豆原弓・訳、翔泳社

すぐれた経営こそが、業界リーダーの座を失った最大の理由である。これらの企業は、顧客の意見に耳を傾け、顧客が求める製品を増産し、改良するために新技術に積極的に投資したからこそ、市場の動向を注意深く調査し、システマティックに最も収益率の高そうなイノベーションに投資配分したからこそ、リーダーの地位を失ったのだ。（5ページ）

現在のビジネスに最適化することばかり考えていると、破壊的なイノベーションが登場したときに一瞬で地位を失う。裏返せば、新規参入者にはつねにチャンスがある。

22

『イノベーションへの解』

クレイトン・クリステンセン、マイケル・レイナー・著、玉田俊平太・監修、櫻井祐子・訳、翔泳社

企業が新しい優先順位の判断基準、つまり新しい価値基準を生み出せる唯一の方法は、新しいコスト構造を持った新しい事業部門を設置することだ。

（247ページ）

Harvard Business School Press
The Innovator's Solution
Creating and Sustaining Successful Growth
Clayton M. Christensen
Michael E. Raynor
イノベーションへの解
クレイトン・クリステンセン／マイケル・レイナー 著
玉田俊平太 監修／櫻井祐子 訳
利益ある成長に向けて
『イノベーションのジレンマ』第2弾!
企業がイノベートし続けるための鍵がここにある!
イノベーション・マネジメントの新基準

これをしない限り、既存の企業は新規参入者の破壊的イノベーションには勝てない。ただしこれまでの自己を否定しかねないため、簡単ではない。

23

『コトラー&ケラーのマーケティング・マネジメント』

第12版、フィリップ・コトラー、ケビン・レーン・ケラー・著、恩藏直人・監修、月谷真紀・訳、丸善出版

マーケティングの狙いはセリングを不要にすることだ。（7ページ）

この分厚い本から1行線を引くとしたらここ。「買いたくなる仕組み」をつくるのがマーケティングの役目。セリング（売り込み）をしない会社は従業員が疲弊しない。

24

『俺のイタリアン　俺のフレンチ』

坂本孝・著、商業界

15〜20坪程度で、いずれも1日3回転以上してい て、月商1200万〜1900万円という繁盛店ぞ ろいです。料理の原価率は60%を超えていますが、 これを立ち飲みのスタイルにして、客数を回転させ ることによって、これまでの常識にない数字をつく り上げているのです。シミュレーションでは、原価 率が88%であっても利益が出ます。（12ページ）

「俺の……」のビジネスの本質は立ち食いではなく、あくまで回転率の向上→原価率の驚異的な高さ（食材の良さ）の実現による「美味しさ」。

25

『決算書がスラスラわかる　財務3表一体理解法』

國貞克則・著、朝日新書

三つの表がどのようにつながっているかが理解できていなかったから、皆さんは会計をいくら勉強しても「よく分かった」という感じになれなかったのです。（14ページ）

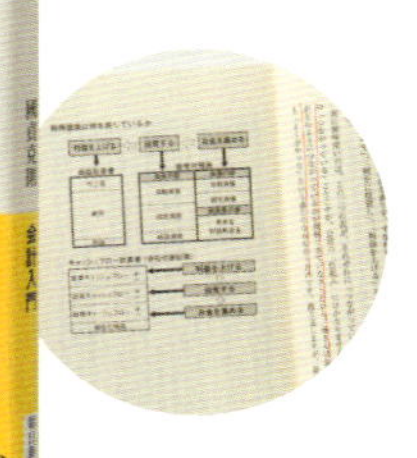

なぜ、これまで会計が理解しにくかったのか、この1文がすべてを表している。財務3表が何を表していて、事業活動を通じてどう変化、連動するかをイメージできる。

26

『ストーリーとしての競争戦略』

楠木建・著、東洋経済新報社

それはこういうストーリーです。顧客にEコマースならでは、アマゾンならではのユニークな購買経験を提供する。そうするとトラフィックが増大する。人々がたくさん訪れるサイトになれば、多くの売り手（出版社やメーカーなどの取引先）を引きつける。そうするとセレクションが充実する。これが顧客の経験をさらに充実させ、トラフィックを上げる……という好循環の論理です。（42ページ）

競争優位性は、オペレーションをしているうちに高まっていく。アマゾン以外にも、多数のストーリーの事例を解説。

27

『ポジショニング戦略［新版］』

アル・ライズ、ジャック・トラウト・著、川上純子・訳、海と月社

ビートルは、そのサイズが「穴」だった。フォルクスワーゲン史上最も効果を上げた広告は、ビートルのポジションを前面に押し出した。

「シンク・スモール」

たった二語の、このシンプルなコピーで、フォルクスワーゲンのポジションを明確にし、「大きいほうがいい」という人々の常識をくつがえしたのだ。

（71ページ）

ポジショニングの狙いは「穴」だ。そのジャンルの製品が取っていない、新しいポジションを攻めることが成功につながる。

28

『フォーカス！』

アル・ライズ・著、川上純子・訳、海と月社

ブランドとは、大きな獲物をしとめるための狩猟許可証ではない。カットして磨いていくダイヤモンドだ。（31ページ）

ライン拡大路線は、結局のところ資源が分散し、失敗のもとになる。もともとのブランドを強くしていくことが重要だ。

29

『ザ・コピーライティング』

ジョン・ケープルズ・著、神田昌典・監訳、齋藤慎子、依田卓巳・訳、ダイヤモンド社

相手の興味を引く訴求ポイントはいろいろあるように思いがちだが、どんぴしゃりのものは1つしかないのだ。（44ページ）

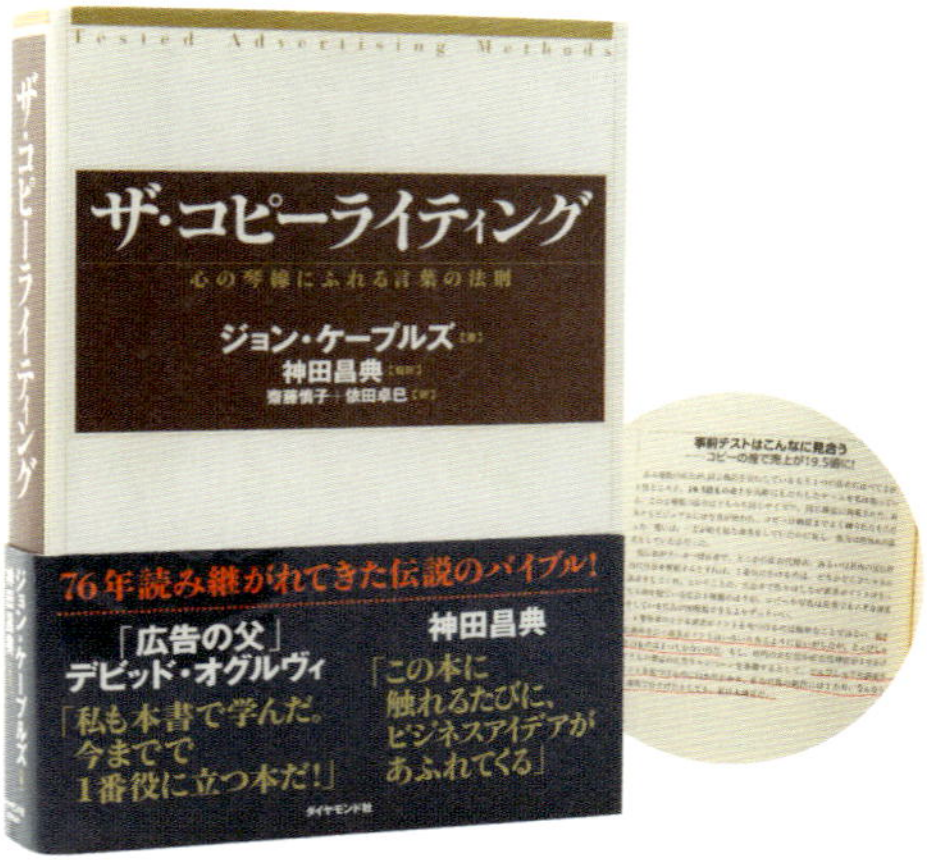

コピーの言葉ではなく、そもそも「何を訴求するのか」が重要だということ。コピーを書くことより、訴求ポイントの発見のほうに時間をかけたほうがいい。

30

『クール　脳はなぜ「かっこいい」を買ってしまうのか』

スティーヴン・クウォーツ、アネット・アスプ・著、渡会圭子・訳、日本経済新聞出版社

現在のクールな商品は、価格ではなく情報コストの高い隠れシグナルを使っている。

（316ページ）

思わず囲った名文。かつては高級、高価格がクールだったが、現代は探しにくく、隠されているものがクール。見つけやすくなった瞬間にクールではなくなる。

31

『シグナル&ノイズ』

ネイト・シルバー・著、川添節子・訳、日経BP社

世論調査は選挙当日に近づくにつれて正確性が増す。

（68ページ）

結局予測は直近のデータがもっとも使える、ということ。だからこそ、決断はぎりぎりまで粘るべきだし、粘れる仕組みを作れたほうが勝つ。

32

『コーポレート・ファイナンス』［第8版］上巻

リチャード・ブリーリー、スチュワート・C・マイヤーズ、フランクリン・アレン・著、
藤井眞理子、国枝繁樹・監訳、日経BP社

プロジェクトの価値は、それを採用することによって得られるすべての追加的なキャッシュフローによって決まってくる。（137ページ）

いまの結果だけを追っていては新しい事業はできない。長期的なリターンに注目することが大切。ファイナンスは結局、意思決定のためのツールだ。

33

『最高のリーダー、マネジャーがいつも考えているたったひとつのこと』

マーカス・バッキンガム・著、加賀山卓朗・訳、日本経済新聞出版社

マネジャーの出発点は部下一人ひとりだ。マネジャーは部下の才能、スキル、知識、経験、目標といった要素を観察し、それをもちいて彼らがそれぞれ成功できる将来計画を立てる。マネジャーは、部下一人ひとりの成功に専念する。

リーダーはちがったものの見方をする。リーダーの出発点は、自分が描く未来のイメージだ。よりよい未来こそ、リーダーが語り、考え、反芻し、計画し、練りあげるものだ。（82ページ）

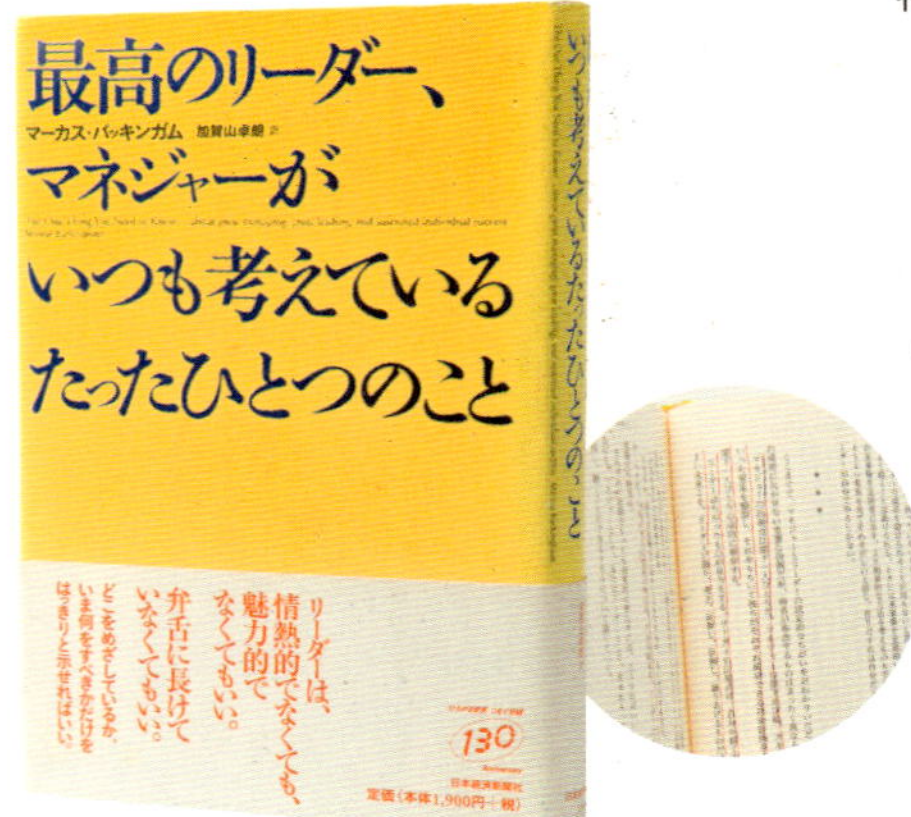

リーダーとマネジャーの区別を明解に語る名著。自分はどう振る舞うべきなのか、どちら向きなのか、リーダーはなぜ「横暴」なのかが理解できる。

34

『ビジョナリーカンパニー② 飛躍の法則』

ジェームズ・C・コリンズ・著、山岡洋一・訳、日経BP社

良好(グッド)は偉大(グレート)の敵である。（2ページ）

グッドな会社は決してグレートな会社になれない。グレートになる覚悟がなければ、その企業に成長はないということだ。これは人も同じ。

35

『完全なる経営』

アブラハム・H・マズロー・著、金井壽宏・監訳、大川修二・訳、日本経済新聞出版社

世間で価値があるとされるものを自己の内部に取りこむことによって、そのひと自身が価値ある人間に成長する。（15ページ）

個人の自己啓発的な生き方論としてだけでなく、組織や企業にも適用できる法則。マズローの著作としてはマイナーだが、隠れファンの多い1冊。

36

『トヨタ生産方式』

大野耐一・著、ダイヤモンド社

(1) つくりすぎのムダ
(2) 手待ちのムダ
(3) 運搬のムダ
(4) 加工そのもののムダ
(5) 在庫のムダ
(6) 動作のムダ
(7) 不良をつくるムダ（38ページ）

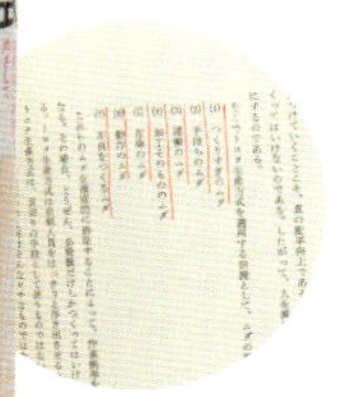

上記の7つを考え抜けば、たいがいの企業・職場でムダがあぶり出せるはず。実際にトヨタ生産方式をつくりあげた著者のチェックリストには、大きな価値がある。

37

『マンキュー経済学I　ミクロ編』

N・グレゴリー・マンキュー・著、足立英之ほか・訳、東洋経済新報社

競争市場とは、完全競争市場と呼ばれることもあり、つぎの二つの特徴をもつ。
◆市場に多数の買い手と多数の売り手が存在する。
◆さまざまな売り手によって供給される財がほぼ同じである。（381ページ）

膨大な経済学の成果からまずひとつだけ学ぶとしたらこれ。完全競争市場を作らせ、買い叩かれる存在になってはいけない。

38

『発想する会社！』

トム・ケリー、ジョナサン・リットマン・著、鈴木主税、秀岡尚子・訳、早川書房

ＩＤＥＯが他社とちがうのは、多くの活力を注いで観察を裏から支えていることだ。そして、いくつかのよい方法を考えだして観察の質を高めてきたことである。（39ページ）

私の会社の社員にも配った1冊。イノベーションを起こし、クリエイティブであろうとするならば、まず消費者行動を観察することから始めるといい。

39

『USJを劇的に変えた、たった1つの考え方』

森岡毅・著、KADOKAWA

会社からマーケティングに期待される第一の仕事は、トップライン（売上金額）を大きく伸ばすことです。（中略）テーマパークにおけるトップラインの最大の要素である「集客数」をどうやって伸ばすのか？（16ページ）

USJの「センターピン」を言い表している1文。センターピンが何なのかをつねに探りながら読んでいくと、ビジネス書は俯瞰的な読み方ができる。

40

『成城石井の創業』

石井良明・著、日本経済新聞出版社

私が行ったのは、ABC分析でいうならば、Aランク商品を重視せず、BCランクの商品を売ろうということです。つまり、ABCを並列に置いたのです。希少価値はあるけれど、たくさんは売れない商品Cをしっかり売ることによって、それを買いに来たお客さんが、他のものを手に取って買ってくれるわけです。（70ページ）

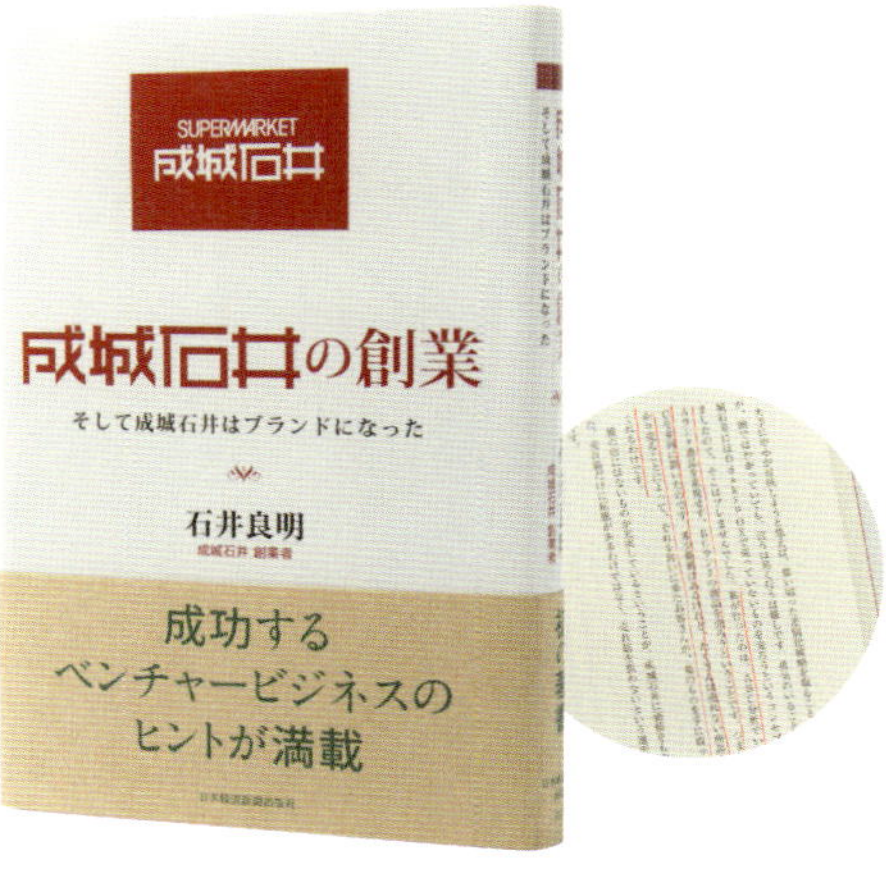

小売業の「センターピン」が「品揃え」であることがわかる。創業者の行った独自の品揃えが、成城石井ブランドを作り上げた。店作りのノウハウが多数載っている。

41

『ユニ・チャーム式　自分を成長させる技術』

高原豪久・著、ダイヤモンド社

今日のビジネス環境では「大きいものが小さいものに勝つ」のではなく、「速いものが遅いものに勝つ」と、私は考えています。（2ページ）

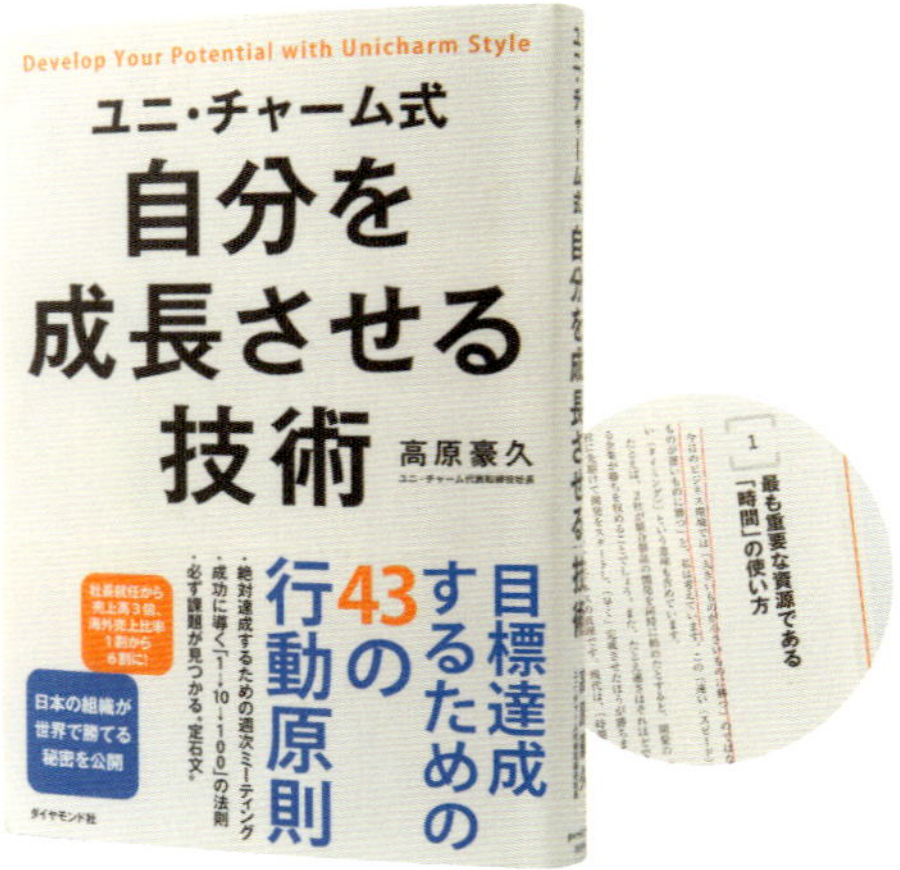

現代は、速いものが勝つ。グローバルで勝ってきた同社が、どのように人材を短期間で育て、組織を素早く成長させてきたのか。ヒントに満ちた1冊。

42

『小さな会社★儲けのルール』

新版、竹田陽一、栢野克己・著、フォレスト出版

「商品もお客も同じ。なおかつ、それが好き」というのが一番成功率が高くなります。

商品は異なるけど、お客は同じ。これが2番目に成功率が高い。(65ページ)

戦略はお客から離れてはいけない、というランチェスター流起業の心構え。「アンゾフのマトリックス」を平易な言葉で言い換えたとも言える。

43

『「好き嫌い」と経営』

楠木建・編著、東洋経済新報社

経営者の動因を形成するのは何か。それは、つまるところその人の「好き嫌い」であるように思う。「良し悪し」ではない。（viページ）

「好き嫌い」は究極の差別化。他者には容易に真似も追随もできない。ビジネスで勝つには、自分にとって「簡単・好き」で、他者が「難しい・嫌い」をすればいい。

44

『ゲームの変革者』

A・G・ラフリー、ラム・チャラン・著、斎藤聖美・訳、日本経済新聞出版社

偉大なイノベーションは、未対応のニーズやウォンツを理解するところから生まれる。（72ページ）

P&Gの事例を中心とした、イノベーションのための観察技術。この1行を具体的にどう商品開発や販売につなげていったかが書かれた1冊。

「私の引いた44本の線」掲載書籍一覧